Arbeitsrecht

Lizenz zum Wissen.

Sichern Sie sich umfassendes Wirtschaftswissen mit Sofortzugriff auf tausende Fachbücher und Fachzeitschriften aus den Bereichen: Management, Finance & Controlling, Business IT, Marketing, Public Relations, Vertrieb und Banking.

Exklusiv für Leser von Springer-Fachbüchern: Testen Sie Springer für Professionals 30 Tage unverbindlich. Nutzen Sie dazu im Bestellverlauf Ihren persönlichen Aktionscode C0005407 auf *www.springerprofessional.de/buchkunden/*

Jetzt 30 Tage testen!

Springer für Professionals.
Digitale Fachbibliothek. Themen-Scout. Knowledge-Manager.

- Zugriff auf tausende von Fachbüchern und Fachzeitschriften
- Selektion, Komprimierung und Verknüpfung relevanter Themen durch Fachredaktionen
- Tools zur persönlichen Wissensorganisation und Vernetzung

www.entschieden-intelligenter.de

Springer für Professionals

Ralph Kramer · Frank K. Peter

Arbeitsrecht

Grundkurs für Wirtschaftswissenschaftler

3., aktualisierte Auflage

Ralph Kramer
FH Worms
Worms, Deutschland

Frank K Peter
Kanzlei im Europahaus
Worms, Deutschland

ISBN 978-3-658-03281-4
DOI 10.1007/978-3-658-03282-1

ISBN 978-3-658-03282-1 (eBook)

Die Deutsche Nationalbibliothek verzeichnet diese Publikation in der Deutschen Nationalbibliografie; detaillierte bibliografische Daten sind im Internet über http://dnb.d-nb.de abrufbar.

Springer Gabler
© Springer Fachmedien Wiesbaden 2010, 2012, 2014
Das Werk einschließlich aller seiner Teile ist urheberrechtlich geschützt. Jede Verwertung, die nicht ausdrücklich vom Urheberrechtsgesetz zugelassen ist, bedarf der vorherigen Zustimmung des Verlags. Das gilt insbesondere für Vervielfältigungen, Bearbeitungen, Übersetzungen, Mikroverfilmungen und die Einspeicherung und Verarbeitung in elektronischen Systemen.

Die Wiedergabe von Gebrauchsnamen, Handelsnamen, Warenbezeichnungen usw. in diesem Werk berechtigt auch ohne besondere Kennzeichnung nicht zu der Annahme, dass solche Namen im Sinne der Warenzeichen- und Markenschutz-Gesetzgebung als frei zu betrachten wären und daher von jedermann benutzt werden dürften.

Lektorat: Anna Pietras, Renate Schilling

Gedruckt auf säurefreiem und chlorfrei gebleichtem Papier

Springer Gabler ist eine Marke von Springer DE. Springer DE ist Teil der Fachverlagsgruppe Springer Science+Business Media.
www.springer-gabler.de

Vorwort zur 3. Auflage

Die Vorlesung Arbeitsrecht taucht inzwischen nicht nur bei Juristen, sondern zunehmend auch bei Wirtschaftswissenschaftlern sowohl an Universitäten wie auch an Fachhochschulen auf. Das vorliegende Lehrbuch will die Grundlagen des Arbeitsrechts dieser Gruppe Studierender näher bringen. Großer Wert wird auf eine praxisnahe Darstellung gelegt, wobei auf die allgemeinen zivilrechtlichen Grundlagen und die Verknüpfung mit dem Arbeitsrecht besonderes Augenmerk gelegt wird.

Der Inhalt des vorliegenden Buches orientiert sich im Wesentlichen am Inhalt entsprechender arbeitsrechtlicher Klausuren. Zahlreiche grafische Darstellungen und Schaubilder sollen das Lernen erleichtern. Hinweise zur Klausurtaktik runden die Ausführungen ab.

Die Schnelllebigkeit des Arbeitsrechts, welche in wesentlichen Teilen auf der umfangreichen Rechtsprechung beruht, hat bereits knapp ein Jahr nach der Zweitauflage eine Neuauflage erforderlich gemacht. Diese ist auf dem Rechtsstand Anfang Juli 2013 und orientiert sich ausschließlich an der Rechtsprechung, so dass reine Literaturmeinungen unberücksichtigt bleiben.

Für Kritik und Anregungen sind die Autoren jederzeit dankbar (rk-law@gmx.de sowie peter@kanzlei-im-europahaus.de).

Worms, im Juli 2013

Ralph Kramer

Frank K. Peter

Inhaltsverzeichnis

Vorwort zur 3. Auflage V
Abkürzungsverzeichnis XI

1 **Grundlagen des Arbeitsrechts** 1
   1.1   Bedeutung des Arbeitsrechts 1
   1.2   Individual- und Kollektivarbeitsrecht 1
   1.3   Der Arbeitnehmerbegriff 3
         1.3.1   Arbeitnehmer 3
         1.3.2   Arbeitnehmerähnliche Personen 6
         1.3.3   Scheinselbstständigkeit 7
         1.3.4   Klärung der Beschäftigungsform 8
   1.4   Maßgebende Normen 8
         1.4.1   Europarechtlicher Einfluss 10
         1.4.2   Grundgesetz 10
         1.4.3   Einfache Gesetze 11
         1.4.4   Tarifverträge 13
         1.4.5   Betriebsvereinbarungen 14
         1.4.6   Arbeitsvertrag 14
         1.4.7   Gleichbehandlung der Arbeitnehmer 15
         1.4.8   Betriebliche Übung 17
   1.5   Internationales Arbeitsvertragsrecht 18

2 **Das Arbeitsverhältnis** 21
   2.1   Vorstellungsgespräch 21
   2.2   Der Arbeitsvertrag 23
         2.2.1   Abschluss des Arbeitsvertrags 23

Inhaltsverzeichnis

		2.2.2	Arbeitsvertrag und Probezeit 29
		2.2.3	Nutzung von Gegenständen 29
		2.2.4	Ausschlussfristen 30
		2.2.5	Wettbewerbsverbot 32
		2.2.6	Vertragsstrafen 34
	2.3	Pflichten der Vertragsparteien 34
		2.3.1	Haupt- und Nebenpflichten 34
		2.3.2	Arbeitsleistung 35
		2.3.3	Arbeitszeit 36
		2.3.4	Urlaub 37
		2.3.5	Gesundheits- und Arbeitsschutz 38
		2.3.6	Weitere Nebenpflichten 39
		2.3.7	Verletzung vertraglicher Pflichten 39
	2.4	Entgeltzahlung 45
		2.4.1	Zahlungsmodalitäten 46
		2.4.2	Überstunden 47
		2.4.3	Gratifikationen 47
		2.4.4	Urlaubsentgelt 49
		2.4.5	Feiertagslohn 50
		2.4.6	Arbeitsverhinderung 51
		2.4.7	Entgeltfortzahlung im Krankheitsfall 52
		2.4.8	Betriebsrisiko 54
		2.4.9	Annahmeverzug 54
		2.4.10	Schutz des Arbeitseinkommens 55
		2.4.11	Verjährung 56
3	**Beendigung des Arbeitsverhältnisses** **57**
	3.1	Allgemeines 57
	3.2	Ordentliche Kündigung 59
		3.2.1	Kündigungsfrist 59

Inhaltsverzeichnis

	3.2.2	Allgemeiner Kündigungsschutz	60
	3.2.3	Personenbedingte Kündigung	68
	3.2.4	Verhaltensbedingte Kündigung	71
3.3		Außerordentliche Kündigung	76
3.4		Änderungskündigung	80
3.5		Verdachtskündigung	83
3.6		Auflösungsantrag	84
3.7		Aufhebungsvertrag	85
3.8		Abwicklungsvertrag	90
3.9		Auflösende Bedingung	92
3.10		Besonderer Kündigungsschutz	93
	3.10.1	Betriebsräte	93
	3.10.2	Schwerbehinderte	94
	3.10.3	Schwangere	96
	3.10.4	Arbeitnehmer in Pflegezeit	97
3.11		Sonderfälle des Kündigungsschutzes	97
	3.11.1	Verstoß gegen die guten Sitten	97
	3.11.2	Verstoß gegen Treu und Glauben	97
	3.11.3	Kündigung bei Betriebsübergang	98
	3.11.4	Kündigung in der Insolvenz	98
	3.11.5	Kündigung bei Massenentlassungen	98
3.12		Altersgrenzen	98
3.13		Arbeitszeugnis nach Beendigung des Arbeitsverhältnisses	98
3.14		Rückgabe von Geschäftsgegenständen und Rückzahlung von Ausbildungskosten	101
4		**Besondere Arten von Arbeitsverhältnissen**	**103**
4.1		Befristete Arbeitsverhältnisse	103
4.2		Teilzeitarbeit	105
4.3		Job-Sharing	106

Inhaltsverzeichnis

	4.4	Abrufarbeit	107
	4.5	Ausbildungsverhältnis	108
	4.6	Aushilfsarbeit	109
	4.7	Zeitarbeitsvertrag	109
5	**Betriebsübergang, Umstrukturierung und Insolvenz**		**111**
	5.1	Betriebsübergang	111
		5.1.1 Hintergrund des § 613a BGB	111
		5.1.2 Voraussetzungen des § 613a BGB	112
		5.1.3 Ausnahmen von § 613a BGB	115
		5.1.4 Rechtsfolgen des § 613a BGB	116
	5.2	Umstrukturierung	118
		5.2.1 Voraussetzungen der Umstrukturierung	118
		5.2.2 Rechtsfolgen der Unternehmensumwandlung	121
	5.3	Insolvenz	122
6	**Das Arbeitsgerichtsverfahren**		**125**
7	**Kollektives Arbeitsrecht**		**129**
	7.1	Koalitionsrecht	129
	7.2	Tarifvertragsrecht	130
	7.3	Betriebsverfassungsrecht	132
		7.3.1 Grundlagen und Geschäftsführung des Betriebsrats	132
		7.3.2 Mitbestimmungsrechte des Betriebsrats	136
		7.3.3 Einigungsstellenverfahren	142
	7.4	Arbeitskampfrecht	144

Stichwortverzeichnis **149**

Abkürzungsverzeichnis

AG	Aktiengesellschaft
AGB	Allgemeine Geschäftsbedingungen
AGG	Allgemeines Gleichbehandlungsgesetz
ArbG	Arbeitsgericht
ArbGG	Arbeitsgerichtsgesetz
ArbPlSchG	Arbeitsplatzschutzgesetz
ArbSchG	Arbeitsschutzgesetz
ArbStättV	Arbeitsstättenverordnung
ArbZG	Arbeitszeitgesetz
Art.	Artikel
ASiG	Arbeitssicherheitsgesetz
AÜG	Arbeitnehmerüberlassungsgesetz
BAG	Bundesarbeitsgericht
BAT	Bundesangestelltentarifvertrag
BBiG	Berufsbildungsgesetz
BetrVG	Betriebsverfassungsgesetz
BGB	Bürgerliches Gesetzbuch
BildscharbV	Bildschirmarbeitsverordnung
BUrlG	Bundesurlaubsgesetz
DGB	Deutscher Gewerkschaftsbund
DRiG	Deutsches Richtergesetz
EGBGB	Einführungsgesetz zum Bürgerlichen Gesetzbuch

Abkürzungsverzeichnis

EMRK	Europäische Menschenrechtskonvention
EntgFG	Entgeltfortzahlungsgesetz
EStG	Einkommenssteuergesetz
EuGH	Europäischer Gerichtshof
GewO	Gewerbeordnung
GG	Grundgesetz
GmbH	Gesellschaft mit beschränkter Haftung
HGB	Handelsgesetzbuch
InsO	Insolvenzordnung
JArbSchG	Jugendarbeitsschutzgesetz
KSchG	Kündigungsschutzgesetz
LAG	Landesarbeitsgericht
MitbestG	Mitbestimmungsgesetz
MuSchG	Mutterschutzgesetz
NachwG	Nachweisgesetz
NZA	Neue Zeitschrift für Arbeitsrecht
PflegeZG	Pflegezeitgesetz
SGB	Sozialgesetzbuch
SGB III	Sozialgesetzbuch Teil III (Arbeitslosenförderung)
SGB IV	Sozialgesetzbuch Teil IV (Allg. Normen zur Sozialversicherung)

SGB VII	Sozialgesetzbuch Teil VII (Gesetzl. Unfallversicherung)
SGB IX	Sozialgesetzbuch Teil IX (Schwerbehindertenrecht)
SGG	Sozialgerichtsgesetz
TVG	Tarifvertragsgesetz
TVöD	Tarifverträge für den öffentlichen Dienst
TzBfG	Teilzeit- und Befristungsgesetz
UmwG	Umwandlungsgesetz
ZPO	Zivilprozessordnung

1 Grundlagen des Arbeitsrechts

Arbeitsrecht hat eine erhebliche rechtliche und praktische Bedeutung. Die überwiegende Anzahl der Erwerbstätigen in Deutschland bezieht ihr Haupteinkommen aus einem einzigen Arbeitsverhältnis, so dass eine gewisse Abhängigkeit hiervon besteht. Arbeitnehmer bedürfen daher eines besonderen Schutzes.

1.1 Bedeutung des Arbeitsrechts

Das Arbeitsrecht dient überwiegend dem Schutz der Arbeitnehmer. Diese stellen meist ihre überwiegende oder gesamte Arbeitskraft einem einzigen Arbeitgeber zur Verfügung. Der hiermit erzielte Lohn soll ihren bzw. den Lebensunterhalt der gesamten Familie sichern. Aufgrund dieser Abhängigkeit sind sie leicht vom Arbeitgeber erpressbar oder in ihren Rechten einschränkbar. Normalerweise hat ein Arbeitnehmer alleine kaum eine Chance sich vor den Interessen seines Arbeitgebers zu schützen. Der Gesetzgeber hat daher eine Vielzahl von arbeitsrechtlichen Normen geschaffen, die überwiegend dem Schutz von beschäftigten Arbeitnehmern dienen. Hiervon abzugrenzen sind Selbstständige, die nicht als Arbeitnehmer gelten und für die damit kein Arbeitsrecht gilt.

Damit ist zunächst der Begriff des Arbeitnehmers zu definieren. Nach der Rechtsprechung gilt:

„Arbeitnehmer ist, wer aufgrund eines privatrechtlichen Vertrages für einen Anderen entgeltlich unselbstständige Arbeitsleistungen erbringt."

1.2 Individual- und Kollektivarbeitsrecht

Das Rechtsgebiet des Arbeitsrechtes teilt sich in zwei große Bereiche auf, das Individualarbeitsrecht und das kollektive Arbeitsrecht.

Grundlagen des Arbeitsrechts

Abbildung 1-1:   Bereiche des Arbeitsrechts

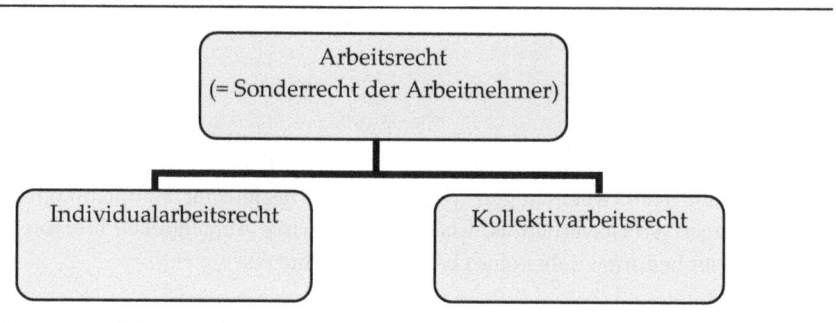

Das **Individualarbeitsrecht** ist gekennzeichnet von der Beziehung zwischen Arbeitnehmer und Arbeitgeber. Klassische Beispiele für Rechtsfragen im Rahmen des Individualarbeitsrechtes sind Fragen der Kündigung, des Kündigungsschutzes und der Arbeitszeit. Hier ist insbesondere auf das Bürgerliche Gesetzbuch (BGB) und das Kündigungsschutzgesetz (KSchG) zurückzugreifen.

Beim **kollektiven Arbeitsrecht** geht es um eine Gruppe von Arbeitnehmern, der zu Grunde liegt, dass ein Zusammenschluss von Arbeitnehmern eine bessere Chance hat, ihre Interessen gegenüber einem Arbeitgeber durchzusetzen. Kollektives Arbeitsrecht ist daher von der Beziehung zwischen der Gruppe der Arbeitnehmer einerseits und dem Arbeitgeber andererseits gekennzeichnet. Die Arbeitnehmer schließen sich daher in einer Gewerkschaft zusammen oder werden in ihrer Gesamtheit durch den Betriebsrat vertreten. Ein Arbeitgeber wird üblicherweise auf einen einzelnen Arbeitnehmer verzichten können, nicht aber auf seine gesamte Belegschaft. Im Bereich des kollektiven Arbeitsrechtes spielt der Betriebsrat, basierend auf dem Betriebsverfassungsgesetz (BetrVG) und dessen Mitbestimmung, eine entscheidende Rolle. Auch spielt hier das Tarifvertragsgesetz (TVG) eine sehr wichtige Rolle.

Tabelle 1-1: Unterscheidung Individualarbeitsrecht – kollektives Arbeitsrecht

	Individualarbeitsrecht	Kollektives Arbeitsrecht
Rechtsverhältnis:	Arbeitnehmer – Arbeitgeber	Gewerkschaft bzw. Betriebsrat – Arbeitgeber
wichtige Regelungsbereiche:	Abschluss und Beendigung Arbeitsvertrag, Kündigung, Lohnfortzahlung, Urlaub, Entgeltfortzahlung bei Krankheit	Tarifverträge, Rechte und Pflichten des Betriebsrates, Streiks und Aussperrungen
wichtige gesetzliche Regelungen:	BGB, KSchG, BUrlG, HGB	BetrVG, TVG, MitbestG

1.3 Der Arbeitnehmerbegriff

Das Arbeitsrecht gilt nur für Arbeitnehmer. Das Verhältnis von Arbeitnehmer zu Arbeitgeber ist grundsätzlich durch einen Arbeitsvertrag gekennzeichnet. Das Gegenteil hierzu ist der Selbstständige. Eine Zwischenposition nimmt die sog. arbeitnehmerähnliche Person ein, die sich bis auf wenige Ausnahmen nicht auf das Arbeitsrecht berufen kann.

Für die Anwendbarkeit des Arbeitsrechtes kommt es daher auf die Eingruppierung einer bestimmten Person als Arbeitnehmer, arbeitnehmerähnliche Person oder Selbstständige an, da nur für den Arbeitnehmer bzw. ggf. die arbeitnehmerähnliche Person das Arbeitsrecht Anwendung finden kann.

1.3.1 Arbeitnehmer

Arbeitnehmer ist, wer aufgrund eines privatrechtlichen Vertrages für einen Anderen entgeltlich unselbstständige Arbeitsleistungen erbringt. Für ihn gilt das Arbeitsrecht. Insofern wird vom Arbeitsrecht auch als Sonderrecht der Arbeitnehmer gesprochen.

Der Begriff des Arbeitnehmers ist allerdings im Gesetz nicht definiert. In § 84 Abs. 1 S. 2 HGB findet sich aber ein Hinweis auf die Definition: danach ist Selbstständiger,

Grundlagen des Arbeitsrechts

wer „im wesentlichen seine Tätigkeit frei und seine Arbeitszeit selbst bestimmen kann". Dies bedeutet, dass im Umkehrschluss sich folgende Kriterien für die Definition des Arbeitnehmers entnehmen lassen:

- Weisungsgebundenheit: Der Arbeitnehmer ist nach Art, Zeit und Ort der Arbeit weisungsgebunden.
- Eingliederung: Der Arbeitnehmer ist in den Betrieb des Arbeitgebers, im Hinblick auf die Zusammenarbeit mit anderen Arbeitnehmern bzw. z.B. der Benutzung von Maschinen des Arbeitnehmers eingegliedert.
- Unternehmerrisiko: Der Arbeitnehmer trägt kein unternehmerisches Risiko (z.B. Gewinnung und Ausfall von Kunden, Kosten der Werbung, Gründungskosten).
- Pflicht zur persönlichen Arbeitsleistung gemäß § 613 BGB.
- Vergleich mit anderen Mitarbeitern, die als Arbeitnehmer betrachtet werden.
- Ausstellung von Rechnungen mit Mehrwertsteuer, welche der Unternehmer an das Finanzamt abführt.
- Zahlung von Sozialversicherungsbeiträgen durch den Arbeitgeber, was nur bei Arbeitnehmern erfolgt.
- Bezeichnung des Vertragsverhältnisses: Das Vertragsverhältnis wird als Mitarbeitervertrag oder Arbeitsvertrag bezeichnet.

Die dargestellten Kriterien geben nur einen Hinweis auf die Frage der Arbeitnehmereigenschaft. Ob im Einzelfall eine Person als Arbeitnehmer oder Selbstständiger zu qualifizieren ist, hängt immer von den Umständen des Einzelfalls ab, wobei es unbeachtlich ist, wie das Verhältnis der Parteien durch diese bezeichnet wird. Maßgebend ist die **tatsächliche Durchführung**.[1]

Beispiel:
Ein Vertreter wird auf der Basis eines freien Mitarbeitervertrages beschäftigt, wobei er verpflichtet ist, täglich 15 Firmen aufzusuchen und die Besuche zu protokollieren. Am Anfang seiner Arbeitswoche erhält er von seinem „Auftraggeber" eine Liste von Firmen, die er abarbeiten muss.

Der Vertreter hat hier keine freie Verfügungsbefugnis über seine Arbeitszeit und über seine Kunden. Er ist als Arbeitnehmer anzusehen. Dies bedeutet, dass er im Falle einer Kündigung des Mitarbeitervertrages Kündigungsschutzklage einreichen könnte. Dass der Mitarbeitervertrag als freier Mitarbeitervertrag überschrieben wurde, schadet nicht.

---

[1] BAG AZR 31/08; BAG AZR 347/04, AP Nr. 117 zu § 611 BGB

Neuerdings hat das BAG zu dem Beispiel ehrenamtlicher Mitarbeiter in der Telefonseelsorge klargestellt, dass ohne Vereinbarung einer Vergütung kein Arbeitsvertrag vorliegen kann.[2]

Selbst **leitende Angestellte** sind Arbeitnehmer. Die landläufige Meinung, diese seien keine Arbeitnehmer, ist eindeutig falsch. Für leitende Angestellte gibt es allerdings einige Besonderheiten, die sich zum einen aus dem Betriebsverfassungsgesetz ergeben, welches in weiten Teilen für diese nicht anwendbar sind (vgl. § 5 Abs. 3 BetrVG) und zum anderen aus dem Kündigungsschutzgesetz (KSchG), welches für leitende Angestellte nur eingeschränkt gilt (vgl. § 14 Abs. 2 KSchG). Darüber hinaus sind alle anderen arbeitsrechtlichen Vorschriften auch auf leitende Angestellte anwendbar. Es ergeben sich nur erhöhte Treuepflichten gegenüber dem Arbeitgeber.[3]

Abbildung 1-2:   Leitende Angestellte

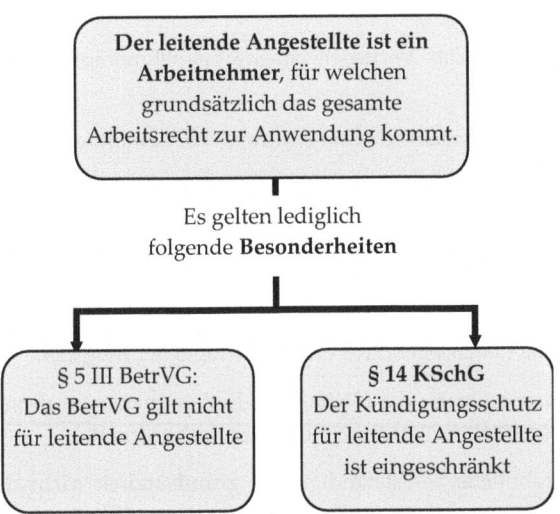

---

[2] BAG 10 AZR 499/11 = DB 2013, S. 404 ff
[3] BAG DB 1965, S. 519; BAG DB 1971, S. 52 ff

1.3.2 Arbeitnehmerähnliche Personen

Zwischen dem Arbeitnehmer und den Selbstständigen besteht die Gruppe der arbeitnehmerähnlichen Personen. Sie unterliegen zwar keinem Weisungsrecht, wie der Arbeitnehmer, arbeiten aber fast ausschließlich für einen Auftraggeber und sind aufgrund dessen von dem Auftraggeber **wirtschaftlich und sozial abhängig**.

Beispiel:
Ein freier Redakteur einer großen, bundesweiten Tageszeitung arbeitet oft ausschließlich für diese Tageszeitung und dies über viele Jahre. Er bestreitet seinen gesamten Lebensunterhalt hieraus. Er unterliegt allerdings keinerlei Weisungen, da er sich frei entscheiden kann, ob und wann er welche Aufträge übernimmt. Er ist damit kein Arbeitnehmer, sondern eine arbeitnehmerähnliche Person.

Nach § 12a TVG ist für das Vorliegen eines arbeitnehmerähnlichen Selbstständigen folgendes entscheidend:

- Die Person muss wirtschaftlich vom Auftraggeber abhängig sein.
- Die Person muss aufgrund eines Werk- oder Dienstvertrages für den Auftraggeber tätig werden.
- Die Person muss die Leistung persönlich und ohne die Mitarbeit von eigenen Arbeitnehmern erbringen.
- Die Person muss überwiegend für einen Auftraggeber tätig sein.
- Die Person muss mehr als die Hälfte ihres Einkommens von diesem Auftraggeber beziehen (maßgeblicher Zeitraum: die letzten sechs Monate).

Für arbeitnehmerähnliche Selbstständige gilt **grundsätzlich nicht das Arbeitsrecht**. Rechtlich gesehen liegen Selbstständige vor. Allerdings haben arbeitnehmerähnliche Selbstständige einen Anspruch auf den gesetzlichen Mindesturlaub gemäß § 2 S. 2 BUrlG. Arbeitgeber bzw. Gewerkschaften können für sie Tarifverträge abschließen (vgl. § 12a TVG). Sie müssen ihre Ansprüche auch vor dem Arbeitsgericht durchsetzen (vgl. § 5 Abs. 1 S. 2 ArbGG). Dies bedeutet aber nicht gleichzeitig, dass das Arbeitsgericht auch Arbeitsrecht zur Anwendung bringt.

Abbildung 1-3: Arbeitnehmerähnlicher Selbstständiger

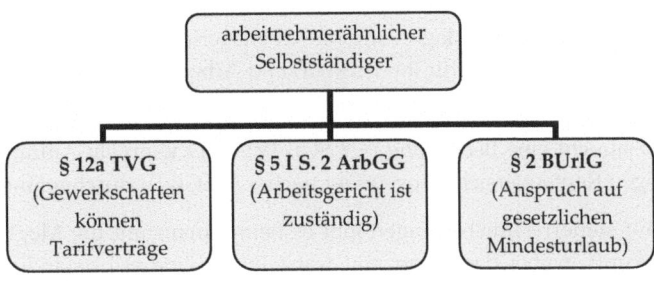

1.3.3 Scheinselbstständigkeit

Die Beschäftigung von Arbeitnehmern ist für den Arbeitgeber oft teurer als die Arbeit mit einem selbstständigen Mitarbeiter, da insbesondere für Arbeitnehmer Sozialversicherungsbeiträge abzuführen sind. Um dies zu umgehen, versuchen viele Arbeitgeber, Arbeitnehmer im Rahmen sog. freier Mitarbeiterverträge oder Subunternehmerverträge zu beschäftigen. Auch hier ist die Bezeichnung des Arbeitsverhältnisses für die Eingruppierung nicht maßgebend. Es kommt wiederum auf die tatsächliche Durchführung des Verhältnisses an. Liegt trotzdem ein Arbeitsverhältnis vor, spricht man von der sog. **Scheinselbstständigkeit**.

Beispiel:
Ein Transportunternehmen beschäftigt einen Lkw-Fahrer als selbstständigen Subunternehmer. In seinem Vertrag wird festgehalten, dass dieser nicht berechtigt ist, vom Transportunternehmen Aufträge abzulehnen und er verpflichtet ist, seine komplette Arbeitskraft dem Transportunternehmen zur Verfügung zu stellen. Eventuelle Urlaube sind vom Transportunternehmen zu genehmigen.

Der Lkw-Fahrer hat damit keine Möglichkeit, seine Arbeitskraft einem anderen Arbeitgeber oder Auftraggeber zur Verfügung zu stellen. Er ist daher Arbeitnehmer im Rechtssinne. Dies gilt insbesondere, da er sämtliche vom Transportunternehmen angedienten Aufträge annehmen muss.

1.3.4 Klärung der Beschäftigungsform

Sollte die Einordnung einer Person als Arbeitnehmer problematisch sein, besteht die Möglichkeit einer Feststellungsklage vor dem Arbeitsgericht. Wenn der Arbeitnehmer diesen Prozess gewinnt, kommt für ihn rückwirkend Arbeitsrecht zur Anwendung.

Vom Begriff des Arbeitnehmers ist der des **Beschäftigten** zu differenzieren. Letzterer hat nur im Sozialrecht eine Bedeutung (§ 7 SGB IV). Hier kann ein Anfrageverfahren beim zuständigen Rentenversicherungsträger nach § 7a SGB IV durchgeführt werden

Im Hinblick auf steuerrechtliche Fragen gibt es beim Finanzamt die Möglichkeit der Anrufungsauskunft, wobei das Finanzamt feststellt, ob eine selbstständige oder abhängige Beschäftigung vorliegt.

1.4 Maßgebende Normen

Das Arbeitsrecht ist nicht in einem Gesetzbuch kodifiziert. Es findet sich vielmehr in einer Vielzahl von verschiedenen Gesetzen.

Es handelt sich hierbei nicht ausschließlich um deutsche Gesetze, sondern auch europarechtliche Normen und das Grundgesetz, aber auch Normen in Tarifverträgen, Arbeitsverträgen und z.B. Betriebsvereinbarungen.

Darüber hinaus wurden wichtige Grundsätze von der Rechtsprechung entwickelt, wie z.B. der Gleichbehandlungsgrundsatz oder der Grundsatz der betrieblichen Übung, die ebenfalls im Arbeitsrecht zur Anwendung gelangen.

Es stellt sich daher für den (zunächst ungeübten) Rechtsanwender die Frage, wie die für den Einzelfall zutreffende Norm zu ermitteln ist. Hierbei gilt zunächst das sog. **Rangprinzip**, wonach die ranghöhere Norm die rangniedrigere Norm verdrängt. Das Rangprinzip kann anhand der sog. Normenpyramide (Abb. 1-4) dargestellt werden.

Dieser Grundsatz kann aber in Einzelfällen auch durchbrochen werden, so dass eine rangniedrigere Norm zur Anwendung kommt, obwohl eine ranghöhere Norm diese eigentlich verdrängt. Dies erfolgt im Rahmen des sog. **Günstigkeitsprinzips**, wonach die rangniedrigere Norm der ranghöheren Norm vorgeht, wenn diese im konkreten Fall für den Arbeitnehmer günstiger ist.

Liegen zwei ranggleiche Normen vor, was oft bei Tarifverträgen der Fall ist, gilt das **Spezialitätsprinzip**, wonach die speziellere Norm der allgemeineren Norm vorgeht. Hier ist also zu ermitteln, welche Norm auf den konkreten Fall räumlich, fachlich und/oder persönlich besser passt.

Maßgebende Normen **1.4**

Abbildung 1-4: Normenpyramide

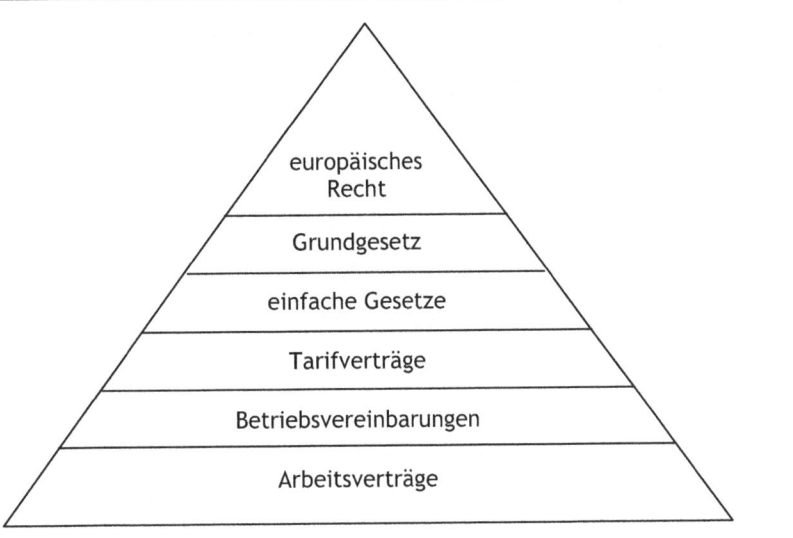

Abbildung 1-5: Prinzipien der Normenpyramide

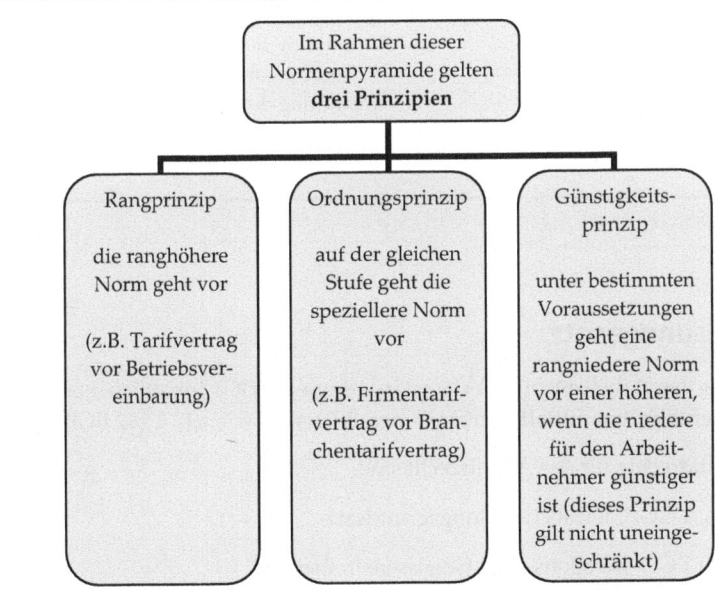

Grundlagen des Arbeitsrechts

1.4.1 Europarechtlicher Einfluss

Da die Bundesrepublik Deutschland Mitglied der Europäischen Gemeinschaft ist, sind deren Rechtsetzungsakte anzuerkennen. Dies bedeutet einerseits, dass das deutsche Recht mit dem europäischen Recht vereinbar sein muss bzw., dass sich maßgebende Rechtsnormen direkt aus europäischem Recht, wie z.B. der Europäischen Verfassung, dem EU-Vertrag, Europäischen Verordnungen oder Richtlinien, sowie aus Entscheidungen des Europäischen Gerichtshofes ergeben.

Der europarechtliche Einfluss in Form von Rechtsnormen lässt sich grafisch wie folgt darstellen:

Abbildung 1-6:   Europarechtlicher Einfluss von Rechtsnormen

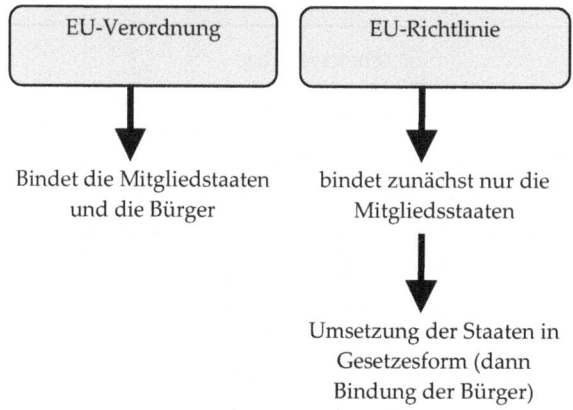

1.4.2 Grundgesetz

Zudem muss das Arbeitsrecht mit dem Grundgesetz (GG) inhaltlich konform sein. Die **Grundrechte gelten mittelbar** über Generalklauseln, wie z.B. § 242 BGB.

Wichtige Grundrechte für das Arbeitsrecht sind

- Art. 3 Abs. 1 GG: Gleichbehandlungsgrundsatz
- Art. 4 Abs. 1 GG: Religions- und Gewissensfreiheit
- Art. 5 Abs. 1 GG: Meinungsfreiheit

Maßgebende Normen **1.4**

- Art. 9 Abs. 3 GG: Koalitionsfreiheit
- Art. 12 Abs. 1 GG: Berufsfreiheit

Bei Grundrechten ist zu beachten, dass diese nicht uneingeschränkt gelten, da es sehr oft Situationen gibt, in denen zwei Grundrechte kollidieren, so dass sich aufgrund dieser Kollision automatisch Begrenzungen im Grundrechtschutz ergeben. Im Arbeitsrecht kollidieren oft Grundrechte des Arbeitnehmers mit Grundrechten des Arbeitgebers.

Beispiel:
Ein angestellter Vertreter soll bestimmte pharmazeutische Produkte bei der Bundeswehr vertreiben, welche im Fall eines Atomkriegs die Einsatzfähigkeit der Soldaten verlängern. Der Vertreter ist anerkannter Kriegsdienstverweigerer und möchte keinerlei Kontakt mit der Bundeswehr haben.

In diesem Fall hat das Bundesarbeitsgericht dem Grundrecht auf Gewissensfreiheit des Arbeitnehmers den Vorrang gegeben, so dass dieser nicht gezwungen werden kann, die Bundeswehr aufzusuchen. Der Arbeitgeber soll hier verpflichtet sein, seinem Arbeitnehmer einen anderen Arbeitsplatz zuzuweisen, steht allerdings kein anderer Arbeitsplatz zur Verfügung, könne der Arbeitgeber dem Arbeitnehmer kündigen.

Ähnlich hat das Bundesarbeitsgericht neuerdings entschieden, als ein dem Islam angehöriger Arbeitnehmer sich geweigert hat, Flaschen mit alkoholischem Inhalt in Verkaufsregale zu stellen.[4]

1.4.3 Einfache Gesetze

Die meisten arbeitsrechtlichen Regelungen finden sich in den (einfachen) Gesetzen. Hierzu gehören

- das **Bürgerliche Gesetzbuch (BGB)**: Hierin finden sich die arbeitsrechtlichen Vorschriften in §§ 611 ff BGB.

- das **Handelsgesetzbuch (HGB)**: Hier sind insbesondere die §§ 74 ff. HGB im Bereich der Wettbewerbsverbote für Arbeitnehmer bedeutsam.

- das **Kündigungsschutzgesetz (KSchG)**, welches regelt, unter welchen Umständen ein Arbeitgeber ein Beschäftigungsverhältnis kündigen darf.

- das **Entgeltfortzahlungsgesetz (EntgFG)**: Hierin ist geregelt, unter welchen Voraussetzungen bei Krankheit und an Feiertagen eine Entgeltfortzahlung zu erfolgen hat.

---

[4] BAG 2 AZR 36/09 = DB 2011, S. 2094 ff

- das **Bundesurlaubsgesetz (BUrlG)**, welches die Fragen des Urlaubs sowie die Vergütung während dieser Zeit regelt.
- das **Arbeitszeitgesetz (ArbZG)**: Dieses regelt den zeitlichen Rahmen, in dem der Arbeitnehmer seine Arbeitsleistung zu erbringen hat, so dass für ihn die Möglichkeit besteht, sowohl seine Gesundheit sowie ein sinnvolles Familienleben aufrechtzuerhalten.
- das **Teilzeit- und Befristungsgesetz (TzBfG)**, welches regelt, unter welchen Voraussetzungen ein Arbeitsvertrag befristet werden kann und wie Teilzeitarbeit durchgeführt wird.

Bei den gesetzlichen Normen gibt es zwingende Normen, von denen die Vertragsparteien nicht abweichen dürfen; halbzwingende Normen, die für eine Vertragspartei, meist den Arbeitgeber, lediglich zwingend sind, für die anderen allerdings nicht, so dass die andere Seite, meist der Arbeitnehmer, davon abweichen darf. Darüber hinaus gibt es disponible Normen, von denen beide Parteien abweichen dürfen.

Abbildung 1-7:   Arten arbeitsrechtlicher Normen

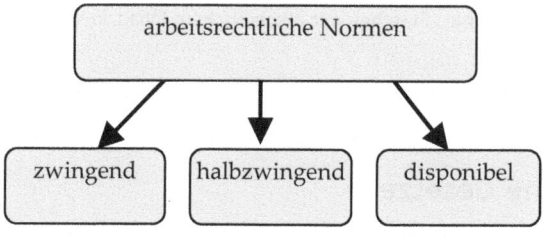

In welchem Fall eine Norm zwingend, halbzwingend oder disponibel ist, ergibt sich jeweils aus dem Gesetzeswortlaut bzw. ist durch Auslegung zu ermitteln.

Beispiel:
In § 13 Abs. 1 BUrlG ist geregelt, dass mit Ausnahme der §§ 1, 2, 3 Abs. 1 BUrlG in Tarifverträgen abgewichen werden kann. Dies bedeutet, dass die Parteien sich immer über andere Regelungen verständigen können, sofern hier nicht die Ausnahmevorschriften greifen.

Maßgebende Normen **1.4**

Neben gesetzlichen Normen gibt es von der Verwaltung erlassene Verordnungen, die gesetzliche Normen näher konkretisieren und ausgestalten, da sie präzisere Regelungen enthalten.

1.4.4 Tarifverträge

In der arbeitsrechtlichen Praxis spielen als eine sehr wichtige Rechtsgrundlage die Tarifverträge eine besondere Rolle. Ein bekannter Tarifvertrag ist der sog. Bundesangestelltentarifvertrag (BAT) bzw. dessen Nachfolger, der Tarifvertrag für den öffentlichen Dienst (TVöD). Tarifverträge werden von Gewerkschaften bzw. Arbeitgeberverbänden mit einzelnen Arbeitnehmern geschlossen. In ihnen können firmen- bzw. branchenspezifische Besonderheiten berücksichtigt werden und so kann im Gegensatz zu den allgemeinen arbeitsrechtlichen Vorschriften zu Gunsten von spezielleren tarifvertraglichen Vorschriften abgewichen werden. In der Praxis bleibt dann zu prüfen, ob ein derartiger Tarifvertrag vorhanden ist und was dieser im Einzelfall regelt.

Die Bundes- und Landesministerien verfügen über sog. **Tarifregister,** in denen alle allgemeinverbindlich erklärten Tarifverträge verzeichnet sind.

Tarifverträge wirken **unmittelbar** und **zwingend** (§ 4 Abs. 1 TVG, vgl. Abb. 1-8).

Abbildung 1-8: Tarifverträge

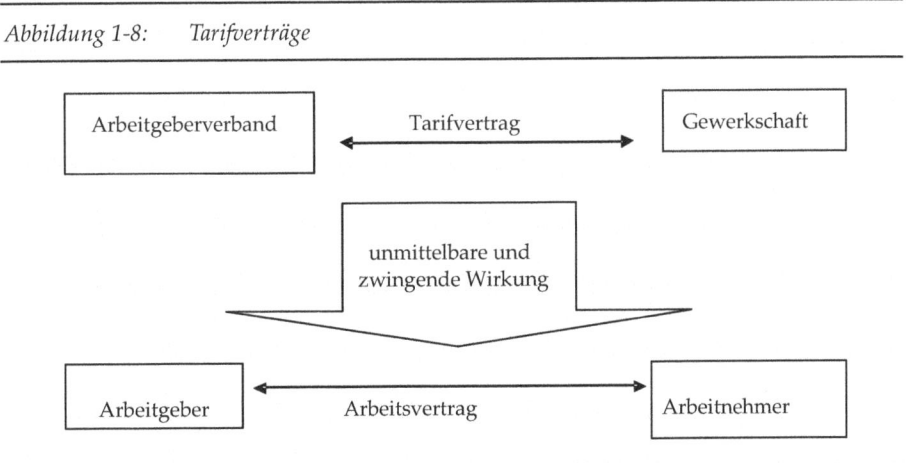

Demzufolge beeinflussen die Tarifverträge das einzelne Arbeitsverhältnis und geben dessen Inhalt vor. Eine Ausnahme besteht dann, wenn die arbeitsvertragliche Regelung günstiger als die tarifvertragliche ist.

1.4.5 Betriebsvereinbarungen

Eine Betriebsvereinbarung ist Ausfluss einer gleichberechtigten Mitwirkung des Betriebsrates bei der Gestaltung der Ordnung im Betrieb. Hiermit kann der Betriebsrat seine Beteiligungsrechte im Betrieb ausüben, d.h. er übt sie für die gesamte Belegschaft des Betriebs aus. Eine Betriebsvereinbarung ist ein besonderer privatrechtlicher Vertrag, der unmittelbar zwischen den Betriebspartnern abgeschlossen wird und unmittelbar und zwingend für alle Arbeitnehmer des Betriebes gemäß § 77 Abs. 4 S. 1 BetrVG gilt (vgl. Abb. 1-9).

Abbildung 1-9: Betriebsvereinbarung

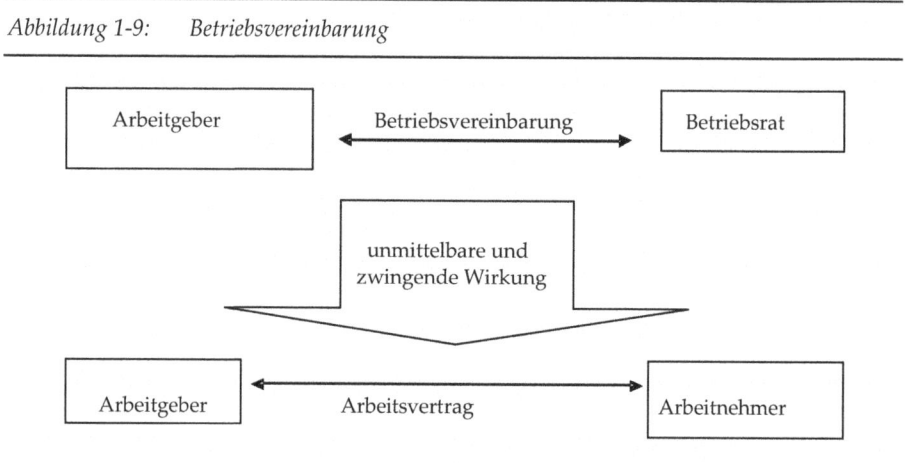

Eine derart geschlossene Betriebsvereinbarung gilt **unmittelbar** und **zwingend**, so dass in einem Arbeitsvertrag nicht mehr vereinbart werden kann, dass die Betriebsvereinbarung gerade nicht gelten soll (§ 77 Abs. 4 S. 1 BetrVG). Damit wird jeder Arbeitnehmer des Betriebes, in dem eine Betriebsvereinbarung gilt, gezwungen, sich dieser Betriebsvereinbarung zu unterwerfen. Gemäß § 77 Abs. 4 S. 2 BetrVG ist selbst ein **Verzicht** auf Rechte aus einer Betriebsvereinbarung durch einzelne Arbeitnehmer nur mit Zustimmung des Betriebsrates möglich.

1.4.6 Arbeitsvertrag

Der Arbeitsvertrag ist ein Vertrag zwischen Arbeitgeber und Arbeitnehmer. Dieser ist rein rechtlich als Dienstvertrag i.S.d. § 611 BGB zu qualifizieren.

Maßgebende Normen

§ 611 Vertragstypische Pflichten beim Dienstvertrag
(1) Durch den Dienstvertrag wird derjenige, welcher Dienste zusagt, zur Leistung der versprochenen Dienste, der andere Teil zur Gewährung der vereinbarten Vergütung verpflichtet.
(2) Gegenstand des Dienstvertrags können Dienste jeder Art sein.

Obwohl ein Arbeitsvertrag zwischen zwei konkreten Parteien, d.h. einem bestimmten Arbeitnehmer und einem Arbeitgeber, im Einzelfall beschlossen wird, kann es sein, dass die darin enthaltenen Regelungen nicht gerecht sind, da sich der Arbeitnehmer bei den Vertragsverhandlungen oft in einer schwächeren Position befindet und deshalb einen Arbeitsvertrag unterschreibt, mit dessen Regelungen er eigentlich nicht einverstanden ist.

Deshalb wird das Recht der **Allgemeinen Geschäftsbedingungen** auch auf Arbeitsverträge gemäß § 310 Abs. 4 S. 1 BGB angewendet, d.h. Arbeitsverträge sind auch nach allgemeinen Regeln überprüfbar. Alle Klauseln in einem Arbeitsvertrag, die nicht den Vorgaben des Gesetzgebers entsprechen, sind damit unwirksam. Dies bedeutet, dass eine Inhaltskontrolle von Arbeitsverträgen nach §§ 307 ff BGB durchaus möglich ist.

Beispiel:
Es finden sich z.B. häufig Vertragsstrafen in Arbeitsverträgen, wonach eine bestimmte Summe zu Gunsten des Arbeitgebers für den Fall zu zahlen ist, dass der Arbeitnehmer das Arbeitsverhältnis ohne Einhaltung einer bestimmten Kündigungsfrist oder ohne einen Grund für eine außerordentliche Kündigung beendet. Gerade hier war lange Zeit umstritten, ob solche Vertragsstrafen wirksam sind. Das Bundesarbeitsgericht hat nunmehr (leider) entschieden, dass Vertragsstrafen – in bestimmten Grenzen – wirksam sind.[5]

1.4.7 Gleichbehandlung der Arbeitnehmer

Durch den Gleichbehandlungsgrundsatz soll die Gleichbehandlung aller bei einem Arbeitgeber beschäftigten Arbeitnehmer gesichert werden. Der **allgemeine Gleichbehandlungsgrundsatz** ist schon seit langem, zunächst auch ohne gesetzliche Grundlage, anerkannt und wurde aus dem Gleichheitssatz des Art. 3 Abs. 1 GG, sowie aus der allgemeinen Fürsorgepflicht des Arbeitgebers bzw. aus dem Grundsatz von Treu und Glauben nach § 242 BGB hergeleitet.

---

[5] BAG 8 AZR 973 / 06 = NZA 2008, S. 170 ff

Grundlagen des Arbeitsrechts

Nunmehr wurde der Gleichbehandlungsgrundsatz zusätzlich in einem **Allgemeinen Gleichbehandlungsgesetz (AGG)** niedergelegt. Dieses Gesetz gilt für Arbeitnehmer (§ 6 AGG). Es verbietet Beeinträchtigungen wegen

- des Alters;
- des Geschlechts;
- der Rasse;
- der ethnischen Herkunft;
- der Behinderung;
- der Religion und Weltanschauung und
- der sexuellen Identität.

Das Gesetz verbietet folgende Handlungen:

- unmittelbare Benachteiligung (§ 3 I AGG);
- mittelbare Benachteiligung (§ 3 II AGG);
- Belästigung (§ 3 III AGG) und
- sexuelle Belästigung (§ 3 IV AGG).

Unmittelbare Benachteiligungen können die Nichteinstellung oder die Nichtbeförderung sein. Im Fall der Nichteinstellung muss der diskriminierte Bewerber jedoch objektiv für die Stelle geeignet sein.[6]

Naturgemäß ist es für Arbeitnehmer teilweise schwer, geschlechtsbezogene Benachteiligungen vor Gericht zu beweisen. Hier hat das BAG entschieden, dass die geschlechtsbezogene Benachteiligung aus Statistiken ableitbar ist. Jedoch bedarf es für die vollständige Beweisführung weiterer Indizien.[7] In einer anderen Entscheidung hat das Gericht ausgeführt, dass widersprüchliches Verhalten oder wechselnde Begründungen ein Indiz sein können.[8]

Ausnahmen vom Verbot der Diskriminierung sind dann gerechtfertigt, wenn es berufliche Anforderungen bedingen (§ 8 AGG), das Alter ein angemessenes Unterscheidungskriterium ist (§ 10 AGG) oder aus Gründen der Religion bzw. Weltanschauung, insbesondere wenn Religionsgemeinschaften Arbeitgeber sind (§ 9 AGG).

Der Arbeitgeber darf selbst nicht diskriminieren (§§ 7, 16 AGG). Zudem muss er auch vor Benachteiligungen durch andere schützen (§ 12 AGG).

---

[6] BAG 8 AZR 466/09
[7] BAG 8 AZR 1012/12 = DB 2011, S. 177 ff
[8] BAG 8 AZR 364/11 = DB 2012, S. 2579 ff

Maßgebende Normen

Rechtsfolge des Verstoßes gegen das AGG sind Entschädigungs- und Schadensersatzansprüche, welche innerhalb der Zweimonatsfrist des § 15 Abs. 4 AGG geltend zu machen sind.[9] Die Frist beginnt im Fall der unterbliebenen Einstellung oder Beförderung mit dem Zugang der Ablehnung an den Bewerber bzw. Arbeitnehmer.[10]

1.4.8 Betriebliche Übung

Nach der sog. **betrieblichen Übung** hat ein Arbeitnehmer einen Rechtsanspruch auf eine bestimmte Leistung, wenn der Arbeitgeber diese Leistung (z.B. Weihnachtsgeld) bereits dreimal vorher vorbehaltslos gewährt hat. Eine vorbehaltslose Gewährung liegt bereits dann vor, wenn der Arbeitgeber bei der Zahlung der Leistung (z.B. des Weihnachtsgeldes) nicht ausdrücklich darauf hingewiesen hat, dass er sie freiwillig und ohne Rechtsansprüche für die Zukunft erbringt.

Beispiel:
Wenn der Arbeitgeber im Arbeitsvertrag ausführt, dass sämtliche zusätzlichen Leistungen wie Weihnachtsgeld freiwillig und ohne jeden Anspruch für die Zukunft sind, so entsteht keine betriebliche Übung.
In letzter Zeit sieht das Bundesarbeitsgericht den Freiwilligkeitsvorbehalt zunehmend kritischer, hat aber bislang die bisherige Rechtsprechung noch nicht aufgegeben.[11]

Die betriebliche Übung kann sich auch auf übertarifliche Leistungen beziehen. Hier verlangt die Rechtsprechung jedoch, dass sich aus dem tatsächlichen Verhalten des Arbeitgebers der Wille ergibt, eine übertarifliche Leistung zu erbringen.[12]

---

[9] BAG 8 AZR 188/12 = DB 2012, S. 2521 ff
[10] BAG 8 AZR 37/11 = DB 2012, S. 1873 ff
[11] BAG 10 AZR 526/10 = DB 2012, S. 179 ff
[12] BAG 20 AZR 571/11 = DB 2013, S. 292 ff

Abbildung 1-10:   Betriebliche Übung

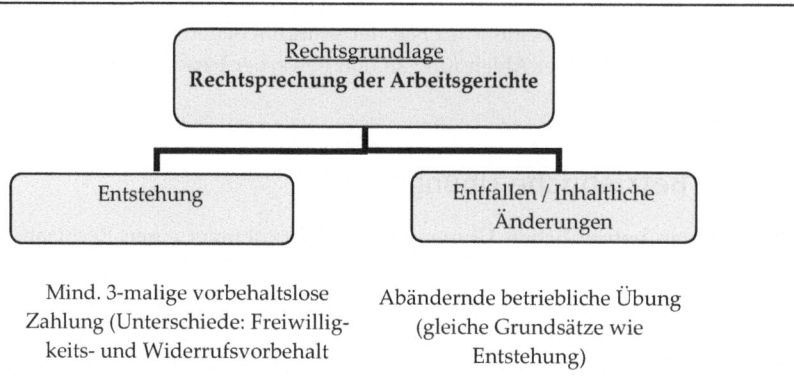

Der Grundsatz der betrieblichen Übung wird durch den Grundsatz der **betrieblichen Gesamtzusage** ergänzt. In diesem Fall liegt eine Zusage einer bestimmten Leistung der Geschäftsleitung an die gesamte Belegschaft eines Betriebes vor. Der Arbeitnehmer muss die Zusage selbst nicht gehört haben; es reicht also aus, wenn diese Dritten gegenüber geäußert wurde.

1.5   Internationales Arbeitsvertragsrecht

Aufgrund der weltweiten Globalisierung kommt es auch im Rahmen von Arbeitsverträgen immer häufiger vor, dass die Parteien eines Arbeitsvertrages nicht demselben Staat angehören. Insofern besteht dann oft die Problematik, ob trotzdem deutsches Arbeitsrecht Anwendung findet. Diese Problematik wird durch das sog. Internationale Privatrecht, welches in Art. 1 ff. EGBGB geregelt war, gelöst.

Für das Arbeitsrecht befanden sich die entsprechenden Regelungen bis zum 16.12.2009 in Art. 27, 30 EGBGB. Nunmehr finden sich diese in § 8 der Rom-I-Verordnung (Verordnung (EG) Nr. 593/2008 des Europäischen Parlaments und des Rates vom 17. Juni 2008 über das auf vertragliche Schuldverhältnisse anwendbare Recht).

Grundsätzlich steht es den Arbeitsvertragsparteien frei, zu wählen, welche Rechtsordnung zur Anwendung kommen soll (§ 8 i.V.m. § 3 Rom I). Insofern besteht wieder die Problematik, dass ein Arbeitgeber, der üblicherweise die stärkere Vertragspartei ist, dies ausnutzen könnte, indem er das Recht des Staates für anwendbar erklärt, das den wenigsten Schutz des Arbeitnehmers enthält. Jedoch darf **freie Rechtswahl** nicht dazu führen, dass zwingende Bestimmungen des Rechts verloren gehen.

Solche **zwingenden Schutzbestimmungen**, die durch die freie Rechtswahl nicht umgangen werden dürfen, sind insbesondere:

- der Mutterschutz,
- der Jugendarbeitsschutz,
- der Kündigungsschutz,
- die Regelung über den Betriebsübergang.

Hinsichtlich der Mitbestimmung der Arbeitnehmer in Form eines Betriebsrats ist das Betriebsverfassungsrecht des Staates anzuwenden, in dem das Unternehmen seinen Sitz hat (sog. **Territorialitätsprinzip**).

Eine Ausnahme vom Territorialitätsprinzip gilt lediglich beim sog. **Grundsatz der Ausstrahlung**, d.h. die inländische Regelung gilt fort, wenn ein im Ausland eingesetzter Arbeitnehmer noch eine ausreichende Verbindung zum Inlandsbetrieb hat.[13]

---

[13] BAG AP Nr. 8 zu § 14 AÜG

2 Das Arbeitsverhältnis

2.1 Vorstellungsgespräch

Vor dem Zustandekommen eines Arbeitsvertrages findet regelmäßig ein Vorstellungsgespräch statt. Hier prüft der Arbeitgeber einen Bewerber, um einschätzen zu können, ob er für die vorhandene Stelle geeignet ist. Allerdings sind nicht alle Fragen, die der Arbeitnehmer stellt, zulässig. Für den Bewerber besteht oft das Problem, dass er, wenn er wahrheitsgemäß antwortet, nicht eingestellt wird und wenn er lügt, und dies später dem Arbeitgeber bekannt wird, er ggf. mit einer Kündigung zu rechnen hat.

Ist die vom Arbeitgeber gestellte Frage unzulässig, so hat der Bewerber das Recht, die Frage wahrheitswidrig zu beantworten, also zu lügen. Wird die Lüge später offenbar, ist dies unbeachtlich, d.h. hieraus resultiert kein Kündigungs- oder Anfechtungsgrund (sog. **Recht zur Lüge**).

Abbildung 2-1:   Recht zur Lüge beim Vorstellungsgespräch

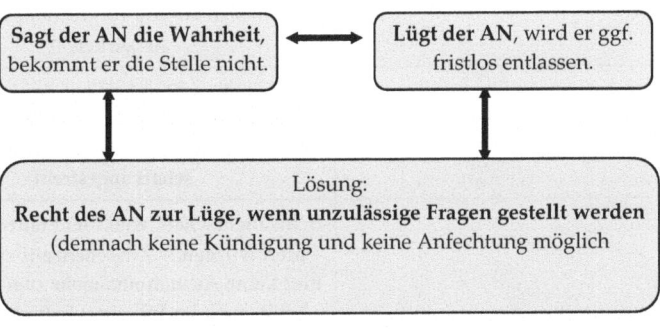

2 Das Arbeitsverhältnis

Zu der Frage, wann eine zulässige und wann eine unzulässige Frage vorliegt, gibt es eine **umfangreiche Einzelfallrechtsprechung**. Grundsätzlich kann man davon ausgehen, dass der Arbeitgeber alle Fragen stellen darf, die sich auf die Qualifikation und Eignung des Bewerbers für die entsprechende Stelle beziehen. Unzulässig sind dagegen Fragen, die das Privatleben des Bewerbers oder seine Persönlichkeitsmerkmale mit Grundrechtsqualität betreffen.

Eine Übersicht zur Rechtsprechung in Bezug auf die Zulässigkeit von Fragen findet sich nachfolgend:

Zulässige Fragen	Unzulässige Fragen
Bisheriger beruflicher Werdegang, ohne Angabe zu Wehr- oder Ersatzdienst.	Familienstand: dies kann ggf. die Leistungsfähigkeit des Bewerbers beeinflussen. Im Rahmen der Verdienstabrechnung nach einer erfolgten Einstellung müssen diese Angaben dann aber später gemacht werden.
Schwerbehinderteneigenschaft, weil aus dem Schwerbehindertenstatus viele Rechtsfolgen, z.B. ein besonderer Kündigungsschutz folgt.[14]	Früheres Gehalt, wobei im Außendienst ggf. erzielte Provisionen anzugeben sind, da dies einen Rückschluss auf die Leistungsfähigkeit des Bewerbers zulässt.
Ein bestehendes Wettbewerbsverbot, da der frühere Arbeitgeber sonst Schadensersatzansprüche gegen den Bewerber erheben könnte.	Gewerkschaftszugehörigkeit, wegen des Grundrechts auf Koalitionsfreiheit (Art. 9 Abs. 3 GG).
	Krankheiten, es sei denn, die Krankheit kann sich auf die vorgesehene Tätigkeit auswirken.[15]
	Religionsangehörigkeit wg. des Grundrechts auf Religionsfreiheit, es sei denn, es wird eine Tätigkeit bei einer Religionsgemeinschaft angestrebt.
	Schwangerschaft, weil hier Frauen diskriminiert würden.[16] Zwischenzeitlich werden hier keine Ausnahmen mehr zugelassen; das heißt, auch im Fall einer befristeten Stelle zur Vertretung einer anderen Schwangeren gilt das Verbot.[17]

---

[14] BAG DB 1994, S. 939 ff
[15] BAG DB 1974, S. 1531 ff
[16] EuGH NZA 2003, S. 848 ff (Mahlberg ./. Mecklenburg-Vorpommern); BAG 1 AZR 241/60 = DB 1961, S. 1522
[17] LAG Köln 6 Sa 641 / 12 = DB 2012, S. 2872 ff

	Vermögensverhältnisse, es sei denn, es bestehen zahlreiche Lohnpfändungen und der Bewerber strebt eine Stelle an, bei der er Kontakt zu beträchtlichen Geldsummen hat.
	Vorstrafen, es sei denn, es wird eine Stelle in einem sicherheitsrelevanten Bereich oder beim Außendienst angestrebt, wenn es sich um Vermögensdelikte handelt.[18]

Wird ein Bewerber zum Vorstellungsgespräch eingeladen, hat der Arbeitgeber dem Bewerber gemäß § 670 BGB analog die **Bewerbungskosten** zu erstatten, wobei hier nur die „üblichen" Kosten anzusetzen sind.[19] Unter den üblichen Kosten ist die preiswerteste öffentliche Bahn- oder Busfahrkarte zu verstehen. Ein Ersatz der Bewerbungskosten scheidet allerdings aus, wenn der Arbeitgeber den Bewerber vorher ausdrücklich darauf hingewiesen hat, dass er keine Kosten ersetzt.

Der abgelehnte Bewerber hat allerdings keinen Anspruch zu erfahren, weshalb er die Stelle nicht erhalten hat. Insbesondere kann er keine Auskünfte zu den anderen Bewerbern erhalten.[20] Bei der Prüfung einer Diskriminierung nach § 7 AGG kann es allerdings von Bedeutung sein, wenn der Arbeitgeber keinerlei Informationen gibt. Bereits die Nichteinladung zu einem Vorstellungsgespräch kann eine unzulässige Diskriminierung darstellen (§ 7 AGG), und zwar unabhängig davon, ob der Arbeitgeber einen Bewerber einstellt oder nicht.[21]

2.2 Der Arbeitsvertrag

2.2.1 Abschluss des Arbeitsvertrags

Hat sich der Arbeitgeber für einen Bewerber entschieden, legt er diesem einen Arbeitsvertrag vor. Für den Abschluss des Arbeitsvertrages gilt der **Grundsatz der Vertragsfreiheit** (§ 105 GewO).

---

[18] BAG DB 1958, S. 277 ff
[19] BAG 5 AZR 433/87 = NZA 1989, S. 468 ff
[20] EuGH C-415/10, Meister = DB 2012, S. 980 ff
[21] BAG 8 AZR 285/11 = DB 2012, S. 2811 ff

Abbildung 2-2: Vertragsfreiheit

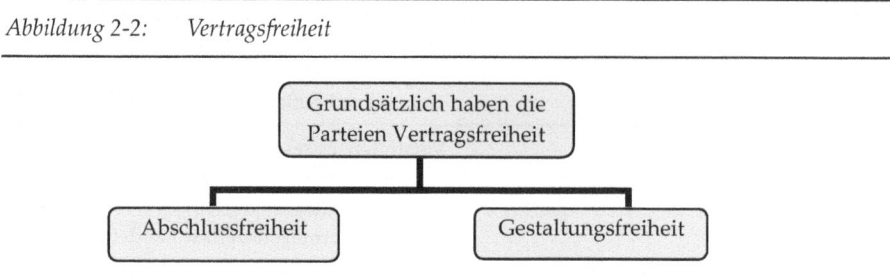

Dies bedeutet, der Arbeitgeber ist grundsätzlich frei in seiner Entscheidung, ob und mit wem er den Arbeitsvertrag schließt, wobei es aber mittlerweile zahlreiche Regelungen gibt, die sich auf die **Abschlussfreiheit** auswirken können. Dies ist z.B. eine Quotenregelung bzgl. schwerbehinderter Mitarbeiter. Schließt der Arbeitgeber mit einem Bewerber keinen Arbeitsvertrag, weil er ein entsprechendes Arbeitsverhältnis nicht eingehen möchte, kann dies im Hinblick auf die Quotenregelung Sanktionen zur Folge haben, z.B. hier die Zahlung einer Ausgleichsabgabe (§ 71 SGB IX).

Diese Abschlussgebote begründen regelmäßig keinen Zwang, einen bestimmten Stellenbewerber einzustellen, sie gelten nur zugunsten schutzbedürftiger Personengruppen.

Ein **Arbeitsvertrag** muss nach § 2 NachwG **schriftlich gefasst** werden, wobei im Vertrag die wesentlichen Vertragsbedingungen enthalten sein müssen. Der Arbeitnehmer hat einen gesetzlichen Anspruch auf Aushändigung einer Ausfertigung des Vertrages binnen eines Monats nach dem Vertragsschluss.

In bestimmten Gewerben, auch bei kleinen Betrieben, wird häufig kein schriftlicher Arbeitsvertrag erstellt. Dies hat keinerlei Auswirkung auf den Bestand des Arbeitsverhältnisses, da das Gesetz selbst keine Folgen für die Nichtbeachtung der Formvorschrift vorschreibt.

Die Intention des Gesetzgebers für einen schriftlichen Arbeitsvertrag besteht darin, die Beweisführung bei einem eventuellen Arbeitsgerichtsverfahren zu vereinfachen, bei dem es auf den Vertragsinhalt ankommt.

Der Arbeitsvertrag ist grundsätzlich mit den Inhalten schriftlich abzuschließen, die in § 2 Abs. 2 S. 1 NachwG enthalten sind. Wie bereits ausgeführt, führt die Nichteinhaltung der Formvorschrift nicht dazu, dass kein Arbeitsvertrag zustande gekommen ist, da ein Arbeitsvertrag auch mündlich zustande kommen kann, wenn sich die Parteien über den Arbeitsinhalt, d.h. die Tätigkeit und eine Vergütung, einigen.

Der Arbeitsvertrag

2.2

Fehlen hierbei regelungsbedürftige Punkte, ergeben sich diese aus Gesetzen, Tarifverträgen, Betriebsvereinbarungen usw.

Nach § 2 Abs. 2 S. 1 NachwG gehört zum Mindestinhalt:

- Name und Anschrift der Vertragsparteien
- Zeitpunkt des Beginns des Arbeitsverhältnisses
- bei Befristungen: vorhersehbare Dauer des Arbeitsverhältnisses
- Arbeitsort bzw. der Hinweis, dass eine Beschäftigung an verschiedenen Orten erfolgen kann
- kurze Beschreibung oder Charakterisierung der vom Arbeitnehmer zu leistenden Tätigkeit
- Zusammensetzung und Höhe des Arbeitsentgeltes einschließlich der Zuschläge, Zulagen, Prämien und Sonderzahlungen sowie anderer Bestandteile des Arbeitsentgeltes und deren Fälligkeit
- vereinbarte Arbeitszeit
- Dauer des jährlichen Erholungsurlaubes
- Fristen für die Kündigung des Arbeitsverhältnisses
- Hinweis auf Tarifverträge, Betriebs- und Dienstvereinbarungen, die auf das Arbeitsverhältnis anzuwenden sind

Ein Arbeitsvertrag kann auch mit **Minderjährigen** geschlossen werden. Für diese bestehen allerdings Sonderregelungen, da diese nach Vollendung des 7. Lebensjahres und bis zur Vollendung des 18. Lebensjahres beschränkt geschäftsfähig sind, was bedeutet, dass sie nicht alleine wirksam einen Vertrag schließen können (§§ 2, 106, 107 BGB). Hier bedarf es der Zustimmung der Erziehungsberechtigten, üblicherweise der Eltern, zum Vertragsschluss.

Diese Zustimmung der Erziehungsberechtigten kann vor dem Vertragsschluss als sog. Einwilligung oder nach dem Vertragsschluss als sog. Genehmigung erfolgen.

Solange eine Zustimmung nicht vorliegt, ist der Arbeitsvertrag schwebend unwirksam, d.h. er entfaltet erst seine Rechtswirkung, wenn die Erziehungsberechtigten ihn genehmigen. Genehmigen die Erziehungsberechtigten den Arbeitsvertrag nicht, kommt der Arbeitsvertrag nicht zustande. Dies gilt auch, wenn der Arbeitgeber von der Minderjährigkeit des Arbeitnehmers keine Kenntnis hat, d.h. ein eventueller guter Glaube des Arbeitgebers wird nicht geschützt.

Aus einem Vertragsschluss mit Minderjährigen oder auch aus anderen Gründen kann es zu einem Fehler bei einem Vertragsschluss kommen, der zur Unwirksamkeit des Arbeitsverhältnisses führt.

Das Arbeitsverhältnis

Diese Probleme können den Vertragsparteien aber erst im Nachhinein bewusst oder bekannt werden, also nachdem der Arbeitnehmer bereits die Arbeit aufgenommen hat. Es stellt sich dann die Frage, wie in seinem solchen Fall, d.h. wenn das Arbeitsverhältnis faktisch durchgeführt wurde, aber unwirksam ist, wieder „rückgängig" gemacht werden kann (§ 812 ff BGB). Zwar könnte dann der gewährte Lohn wieder zurückbezahlt werden, die geleistete Arbeit kann aber nicht mehr zurückerstattet werden.

Für diese Fälle hat die Rechtsprechung **die Grundsätze des fehlerhaften Arbeitsverhältnisses** entwickelt, welche zur Anwendung kommen, wenn

- beim Abschluss des Arbeitsvertrages ein Fehler unterlaufen ist und

- der Arbeitnehmer seine Arbeit bereits aufgenommen hat und

- das fehlerhafte Arbeitsverhältnis keine öffentlichen Interessen berührt bzw. dem vorrangigen Schutz der Beteiligten entgegensteht.[22]

Abbildung 2-3:   Grundsätze des fehlerhaften Arbeitsverhältnisses

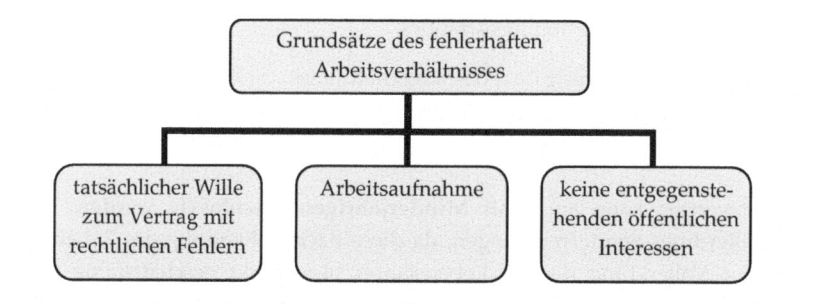

Damit liegen die Grundsätze eines fehlerhaften Arbeitsverhältnisses nicht vor, wenn der Arbeitnehmer seine Arbeit noch nicht aufgenommen hat oder ein vorrangiger Schutz eines der Beteiligten vorliegt, wie etwa ein Verstoß gegen Gesetze oder die guten Sitten.[23]

Wenn aber die Voraussetzungen des fehlerhaften Arbeitsverhältnisses vorliegen, wird das fehlerhafte Arbeitsverhältnis für die Zeit bis zur Feststellung der Unwirksamkeit wie ein normales, d.h. wirksames Arbeitsverhältnis, behandelt. Für die Zukunft allerdings besteht keine Bindung, d.h. es ist jederzeit form-, fristlos und einseitig beendbar.[24]

---

[22] BAG NZA 1999, S. 199; BAG NZA 2000, S. 385 ff
[23] BAG 5 AZR 592/03 = NZA 2005, S. 1409 ff
[24] BAG NZA 2000, S. 945 ff

Wie bereits ausgeführt, kommt in der Praxis ein fehlerhaftes Arbeitsverhältnis insbesondere bei der Beteiligung eines Minderjährigen vor, wenn z.B. weil der Arbeitgeber die Minderjährigkeit nicht kannte.

Es besteht aber auch die Möglichkeit, dass sich eine Vertragspartei über eine grundlegende Voraussetzung bei Abschluss des Arbeitsvertrages geirrt hat. Wenn ihr später dieser Irrtum bekannt wird, kann sie den Arbeitsvertrag wieder lösen. Dies geschieht über die **Anfechtung** des Arbeitsvertrages, wobei nicht jeder Irrtum hierzu berechtigt.

Ein Arbeitsverhältnis kann angefochten werden, wenn

- ein **Inhaltsirrtum** vorliegt, d.h. ein Irrtum über die Erklärungsbedeutung (der Erklärende weiß, was er sagt, aber nicht was er damit sagt), § 119 Abs. 1, 1. Alternative BGB, oder

- ein **Erklärungsirrtum** vorliegt, d.h. ein Irrtum bei der Willensäußerung (der Erklärende wollte das, was er sagt, gar nicht sagen), § 119 Abs. 1, 2. Alternative BGB, oder

- ein **Eigenschaftsirrtum** vorliegt, d.h. ein Irrtum bei der Willensbildung (der Erklärende hat falsche Vorstellungen von einer Person/Sache), § 119 Abs. 2 BGB.

Beispiele:
Fälle des Eigenschaftsirrtums sind der Gesundheitszustand des Arbeitnehmers[25] oder die Vertrauenswürdigkeit bei Bewerbung auf besonders hervorgehobene Positionen.[26]

Fälle der Anfechtung liegen auch vor, wenn eine **arglistige Täuschung** nach § 123 Abs. 1, 1. Alt. BGB, oder eine **widerrechtliche Drohung** nach § 123 Abs. 1, 2. Alternative BGB gegeben ist. Eine Anfechtung wegen einer arglistigen Täuschung kommt insbesondere in Betracht, wenn der Arbeitnehmer zulässige Fragen (vgl. oben) des Arbeitgebers bei der Einstellung unwahr beantwortet hat.

Die Anfechtung nach § 119 BGB muss vom Anfechtungsberechtigten gemäß § 121 BGB unverzüglich nach Entdeckung des Irrtums erklärt werden. Den Begriff „unverzüglich" deutet die Rechtsprechung in Anlehnung an § 626 Abs. 2 S. 2 BGB als 2-Wochen-Frist, welche ab Kenntnis des Anfechtungsberechtigten vom Anfechtungsgrund beginnt.[27]

---

[25] BAG AP § 119 BGB Nr. 3
[26] BAG AP § 123 BGB Nr. 17
[27] BAG AP § 119 BGB Nr.4; BAG NZA 1991, S. 719 ff

Abbildung 2-4: Anfechtung im Arbeitsrecht

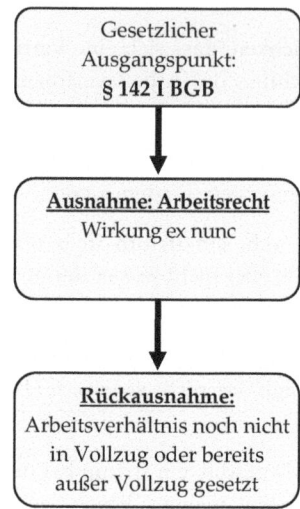

Folge der Anfechtung ist, dass der Arbeitsvertrag von Anfang an als nichtig anzusehen ist, vgl. § 142 Abs. 1 BGB, so dass die beiderseitig erbrachten Leitungen rückabzuwickeln sind. Dies ist wiederum bei dem bezahlten Entgelt relativ leicht möglich (zumindest falls dieses noch vorhanden ist). Bei der geleisteten Arbeit ist die Rückgabe unmöglich. Dies führt dazu, dass eine Rückwirkung der Anfechtung für die Vergangenheit ausscheidet, sondern nur das Arbeitsverhältnis **für die Zukunft** beendet wird, so dass trotz einer Anfechtung sowohl der gezahlte Lohn als auch die geleistete Arbeit nicht mehr zurückzugeben sind.[28]

War das Arbeitsverhältnis aber bereits für die Vergangenheit außer Vollzug gesetzt, d.h. dass der Arbeitnehmer auch keine Arbeit geleistet hat, kann eine begrenzte Rückwirkung angenommen werden.[29]

Beispiel:
Ein Arbeitnehmer hat bei der Einstellung zum 1.9. getäuscht. Wenn der Irrtum vom Arbeitgeber am 1.12. festgestellt wurde, der Mitarbeiter aber bereits zum 15.11. arbeitsunfähig erkrankt ist, hat die Anfechtung Rückwirkung auf den 15.11.

---

[28] BAG NZA 1985, S. 58 ff
[29] BAG NZA 1999, S. 584 ff

2.2.2 Arbeitsvertrag und Probezeit

Oft reicht ein Vorstellungsgespräch nicht aus, um einen Bewerber von Arbeitgeberseite endgültig beurteilen zu können. Üblicherweise wird dann eine **Probezeit** vereinbart, um den Bewerber im Rahmen des Arbeitsverhältnisses kennen zu lernen. Eine Probezeit muss immer ausdrücklich im Arbeitsvertrag vereinbart werden.[30] Dies bedeutet, dass nicht automatisch eine Probezeit besteht. Neben der Regelung der Probezeit im Arbeitsvertrag kommt auch die Regelung in Betriebsvereinbarungen oder in Tarifverträgen in Betracht.

Vorteil der Vereinbarung einer Probezeit ist, dass die Vertragspartner eine besondere Kündigungsfrist während der Probezeit vereinbaren können. Haben die Vertragsparteien keine Kündigungsfrist vereinbart, tritt die gesetzliche Regelung ein, d.h. diese beträgt zwei Wochen während der Probezeit gemäß § 622 Abs. 3 BGB.

Die Dauer der Probezeit kann zwischen den Vertragsparteien selbstständig ausgehandelt werden, wobei eine gesetzliche Obergrenze von sechs Monaten gilt.

Trotzdem versuchen Arbeitgeber oft, insbesondere in Fällen, in denen der Arbeitnehmer krank war, die Dauer der Probezeit zu verlängern. Nach der Rechtsprechung sind derartige Klauseln, die die Verlängerung der Probezeit betreffen, unwirksam. Nur in ganz bestimmten, ausnahmsweise gegebenen Konstellationen, ist es möglich, die Probezeit zu verlängern.

Beispiel:

Dies ist z.B. der Fall, wenn ein Arbeitnehmer während der sechsmonatigen Probezeit durch einen von ihm unverschuldeten Unfall über einen Zeitraum von vier Monaten krank war. In der verbleibenden restlichen geringen Zeit von zwei Monaten konnte der Arbeitgeber den Arbeitnehmer nicht kennen lernen. Hier ist ausnahmsweise die Verlängerung der Probezeit um die Dauer der Krankheit zulässig.

2.2.3 Nutzung von Gegenständen

Oft werden vom Arbeitgeber bestimmte Gegenstände, wie z.B. Diensttelefone, Laptops oder Dienstwagen dem Arbeitnehmer zur Verfügung gestellt. Der Arbeitnehmer hat lediglich einen Anspruch auf Überlassung dieser Gegenstände, wenn dies besonders vertraglich vereinbart ist. Problematisch ist hierbei immer, ob dem Arbeitnehmer nur die betriebliche Nutzung oder auch die **private Nutzung** gestattet ist.

---

[30] BAG NZA 2008, S 403 ff

Ist dem Arbeitnehmer die private Nutzung gestattet, löst dies insbesondere steuerrechtliche Folgen aus. Darüber hinaus besteht ein Nutzungsanspruch des Arbeitnehmers im Falle einer Kündigung bis zum Ablauf der Kündigungsfrist. Eine Ausnahme besteht hier nur bei einem vereinbarten **Widerrufsvorbehalt des Arbeitgebers**, sowie bei längerer Arbeitsunfähigkeit des Arbeitnehmers. Liegt dies nicht vor und entzieht der Arbeitgeber dem Arbeitnehmer rechtswidrig die Nutzung, löst dies einen Schadensersatzanspruch des Arbeitnehmers aus.

2.2.4 Ausschlussfristen

Neben den dargestellten Mindestinhalten finden sich in Arbeitsverträgen auch wiederkehrende Standardformulierungen (sog. Klauseln), mit denen der Arbeitgeber oft in einem Standard-Arbeitsvertrag versucht, ihm günstigere Regelungen festzuhalten und diese damit gegenüber seinem Arbeitnehmer durchzusetzen.

Dies sind insbesondere Ausschlussfristen, d.h. die Festlegung einer bestimmten Frist, innerhalb der der Arbeitnehmer seine Ansprüche geltend machen muss.

Grundsätzlich verjähren arbeitsrechtliche Ansprüche erst nach drei Jahren, was insbesondere dem Arbeitgeber zu lange dauert (§§ 195, 199 Abs. 1 BGB). Deshalb wird über eine Ausschlussfrist versucht, dass Ansprüche früher verfallen, wenn sie nicht innerhalb einer bestimmten Frist (Ausschlussfrist) gegenüber dem Arbeitgeber geltend gemacht werden. Eine Ausschlussfrist ist dann vom Arbeitsgericht **von Amts wegen** zu berücksichtigen.[31] Solche (zulässigen) Ausschlussfristen finden sich in Arbeitsverträgen, in Betriebsvereinbarungen und in Tarifverträgen.

Abbildung 2-5: Ausschlussfristen im Arbeitsrecht

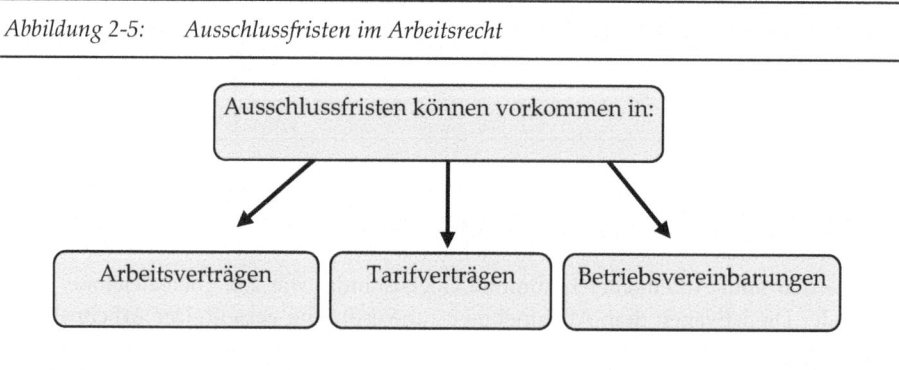

---

[31] BAG DB 1963, S. 902 ff

Es gibt sog. einfache und zweifache (doppelte) Ausschlussfristen:

• Die **einfache Ausschlussfrist** kann entweder so ausgestaltet sein, dass der Anspruch innerhalb einer bestimmten Frist schriftlich gegenüber dem Arbeitgeber geltend gemacht werden muss oder dass der Anspruch innerhalb einer bestimmten Frist eingeklagt werden muss. Die Mindestfrist beträgt nach der Rechtsprechung des BAG 3 Monate ab Entstehung des Anspruchs.[32]

• Bei der **zweifachen (doppelten) Ausschlussfrist** muss der Anspruch innerhalb einer bestimmten Frist zunächst schriftlich gegenüber dem Arbeitgeber geltend gemacht werden. Reagiert er hierauf nicht, was dann häufig der Fall sein wird, muss innerhalb einer weiteren Ausschlussfrist der Anspruch beim Arbeitsgericht eingeklagt werden. Auch hier hat das BAG explizit entschieden, dass die Mindestfrist für die zweite Stufe (Klage) 3 Monate betragen muss.[33] Wenn der Arbeitnehmer jedoch eine Kündigungsschutzklage erhebt, so reicht dies auch im Hinblick auf finanzielle Ansprüche, wie z.B. die Vergütung, aus.[34]

Abbildung 2-6:   *Arten von Ausschlussfristen im Arbeitsrecht*

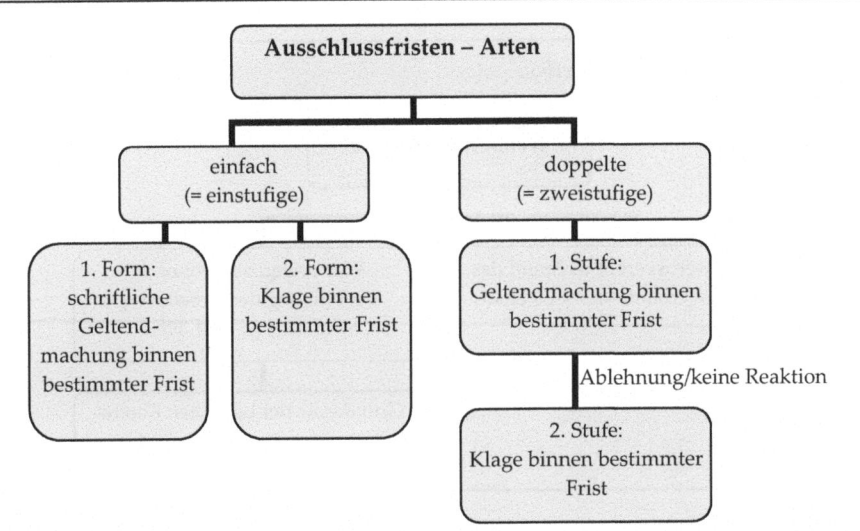

Folge der Ausschlussfristen ist, dass der **Anspruch verfällt**, wenn er nicht innerhalb der Frist geltend gemacht wird. Es handelt sich also nicht um ein Leistungsverweige-

---

[32] BAG NZA 2006, S. 1273 ff
[33] BAG NZA 2005, S. 1111
[34] BAG 5 AZR 627/11 = DB 2013, S. 65 ff

rungsrecht wie bei der Verjährung (§ 214 I BGB). Jedoch sind nicht alle Ansprüche aus einem Arbeitsverhältnis von Ausschlussfristen erfasst. So sind insbesondere folgende Ansprüche davon ausgenommen:

- Stammrechte aus der betrieblichen Altersversorgung,[35]
- Herausgabeansprüche des Arbeitgebers oder Arbeitnehmers in Bezug auf dessen Eigentum (§ 985 BGB),[36]
- Ansprüche aus gerichtlichen Vergleichen.[37]

2.2.5 Wettbewerbsverbot

Da ein Arbeitgeber in der Regel ein Interesse daran hat, dass sein Arbeitnehmer nicht für Konkurrenten arbeitet, wird üblicherweise ein Wettbewerbsverbot vereinbart. Dieses Wettbewerbsverbot wird üblicherweise nicht nur für die Dauer des Bestehens des Arbeitsverhältnisses, sondern auch für eine darüber hinaus gehende bestimmte Zeit vereinbart.

Abbildung 2-7:   Wettbewerbsverbote

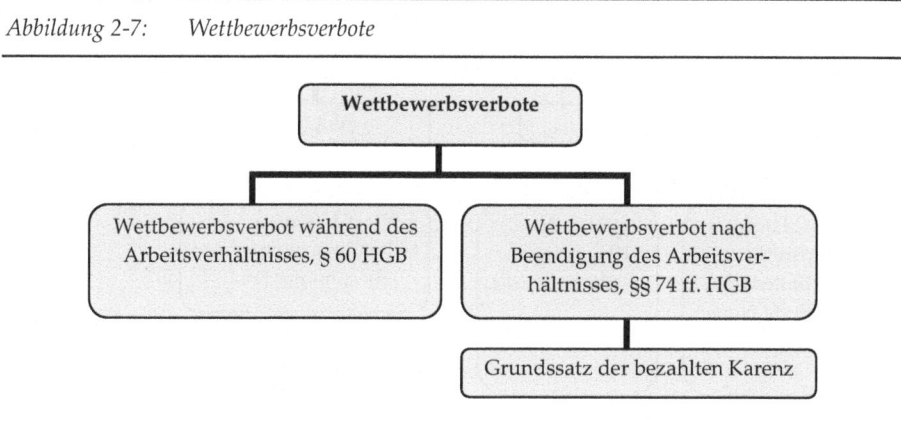

Während des Bestehens des Arbeitsverhältnisses ist es dem Arbeitnehmer in keinster Weise erlaubt, in Wettbewerb mit seinem Arbeitgeber zu treten. Dies bedeutet, dass er weder als Selbstständiger noch als Angestellter hier in Konkurrenz treten darf. Das Wettbewerbsverbot stützt sich zwar nicht auf eine gesetzliche Regelung, jedoch wird der Rechtsgedanke des **§ 60 HGB entsprechend** herangezogen, sofern dies nicht aus-

---

[35] BAG NZA 1990, S. 637 ff
[36] BAG NZA 1998, S. 53 ff
[37] BAG AP § 9 KSchG 1969 Nr. 7

drücklich vereinbart worden ist.[38] Eine Ausnahme gilt nur dann, wenn der Arbeitgeber dem Arbeitnehmer den Wettbewerb im Einzelfall gestattet, d.h. der Arbeitnehmer muss dann immer beim Arbeitgeber konkret anfragen. Der Arbeitnehmer darf auch dann keine Konkurrenzgeschäfte tätigen, wenn sicher ist, dass der Arbeitgeber den vom Arbeitnehmer betreuten Bereich oder die betreffenden Kunden nicht erreichen wird. Die Darlegungs- und Beweislast für eine Einwilligung des Arbeitgebers trägt der Arbeitnehmer.[39] Verstöße des Arbeitnehmers gegen das Wettbewerbsverbot berechtigen den Arbeitgeber in der Regel zu einer sofortigen Kündigung ohne vorherige Abmahnung.[40]

Nach Beendigung des Arbeitsverhältnisses besteht zwar grundsätzlich kein Wettbewerbsverbot mehr. Der Arbeitnehmer ist aber über das bestehende Arbeitsverhältnis hinaus verpflichtet, Geschäfts- und Betriebsgeheimnisse seines früheren Arbeitgebers zu wahren. Deshalb werden insbesondere für die Dauer nach Beendigung des Arbeitsverhältnisses arbeitsvertragliche Wettbewerbsverbote vereinbart, welche allerdings nur wirksam sind, wenn diese den Vorgaben der **§§ 74 ff. HGB** entsprechen.

Diese sind insbesondere

- schriftliche Vereinbarung über die Wettbewerbsabrede,
- Ausfertigung einer Vertragsurkunde an den Arbeitnehmer,
- Erforderlichkeit des Verbots zum Schutz berechtigter Interessen des Arbeitgebers,
- keine unbillige Erschwerung des Fortkommens des Arbeitnehmers nach Zeit, Ort und Gegenstand,
- Dauer des Verbots nicht länger als zwei Jahre nach Beendigung des Arbeitsverhältnisses,
- Zahlung einer sog. Karenzentschädigung an den Arbeitnehmer, d.h. eine monatliche Zahlung während der Laufzeit des Wettbewerbsverbots, die mind. die Hälfte des bisherigen Gehalts des Arbeitnehmers ausmachen muss.

Verstößt der Arbeitnehmer gegen das Wettbewerbsverbot mit seinem früheren Arbeitgeber und erzielt er bei einem Dritten eine Vergütung, so ist diese herauszugeben, wenn zwischen beiden Vorgängen ein unmittelbarer Zusammenhang besteht.[41]

---

[38] BAG DB 1970, S. 1788 ff
[39] BAG 10 AZR 560/11 = DB 2013, S. 1056 ff
[40] LAG Rheinland-Pfalz 9 Sa 80/12 = DB 2013, S. 127 ff
[41] BAG 10 AZR 809/11 = DB 2013, S. 294 ff

2.2.6 Vertragsstrafen

Oft versuchen Arbeitgeber, in Arbeitsverträgen sog. Vertragsstrafen nach §§ 339 ff BGB unterzubringen. Der Sinn von Vertragsstrafen besteht darin, den Arbeitnehmer zur Einhaltung der vertraglichen oder gesetzlichen Kündigungsfristen anzuhalten. Insbesondere wenn Arbeitnehmer besser vergütete Stellen von Dritten angeboten bekommen, erscheinen diese nicht mehr zur Arbeit bzw. „kündigen" ohne Einhaltung der vorgesehenen Fristen.

Eine häufige Formulierung ist hierbei:

> „Der Mitarbeiter verpflichtet sich, für den Fall der rechtswidrigen und schuldhaften Verletzung des Vertrages durch Nichtaufnahme der Arbeit, vertragswidrige Beendigung sowie bei Verstößen gegen das Wettbewerbsverbot, eine Vertragsstrafe in Höhe von einem Brutto-Monatslohn zu zahlen. Dieser entspricht dem durchschnittlichen Brutto-Gehalt der letzten drei Monate. Weitergehende Schadensersatzforderungen der Firma bleiben vorbehalten."

Früher waren Vertragsstrafen, die bis zur Grenze eines Brutto-Monatsgehaltes gingen, unumstritten zulässig. Nach der Schuldrechtsreform waren diese Regelungen aber zweifelhaft, da diese unter Umständen dem Recht der allgemeinen Geschäftsbedingungen widersprechen. Durch die Schuldrechtsreform wurde nunmehr aufgenommen, dass das Recht der Allgemeinen Geschäftsbedingungen auch auf Arbeitsverträge anwendbar ist, vgl. § 310 Abs. 4 S. 1 BGB. Ob solche Vertragsstrafenregelungen noch angemessen sind, bestimmt sich danach, ob die Besonderheiten des Arbeitsrechts im Rahmen der allgemeinen Geschäftsbedingungen berücksichtigt wurden. Nach einer mittlerweile ergangenen Entscheidung des Bundesarbeitsgerichts sollen diese Vertragsstrafen, d.h. die bis zu einem Brutto-Monatsgehalt gehen, nach wie vor zulässig sein.[42]

2.3 Pflichten der Vertragsparteien

2.3.1 Haupt- und Nebenpflichten

Wie bei jedem gegenseitigen Vertrag ergeben sich aus diesem, hier also aus dem Arbeitsvertrag, gegenseitige Pflichten. Die Hauptpflichten beim Arbeitsvertrag sind einerseits seitens des Arbeitgebers die Pflicht zur Lohnzahlung und seitens des Arbeitnehmers die Pflicht zur Arbeitsleistung.

---

[42] BAG 8 AZR 973 / 06 = NZA 2008, S. 170 ff

Neben diesen sog. **Hauptleistungspflichten** bestehen allerdings noch **Nebenleistungspflichten**, die insbesondere von der Rechtsprechung entwickelt wurden. Hier spielt insbesondere die sog. Treuepflicht eine Rolle, nach der jede Partei in bestimmten Grenzen auch dann die Interessen der anderen Partei wahrzunehmen hat, wenn diese nicht ausdrücklich geregelt sind.

Tabelle 2-1: Pflichten der Arbeitsparteien

Hauptleistungspflichten		Nebenleistungspflichten	
Arbeitnehmer	Arbeitgeber	Arbeitnehmer	Arbeitgeber
Arbeitsleistung	Entgeltzahlung	Schutz von Arbeitgebereigentum, Verschwiegenheit, Wettbewerbsverbot	Gesundheitsschutz

2.3.2 Arbeitsleistung

Die in einem Arbeitsvertrag nur rahmenmäßig umschriebene Leistungspflicht des Arbeitnehmers nach Zeit, Ort und Art der Leistung wird durch das Recht des Arbeitgebers, Weisungen zu erteilen, näher konkretisiert. Es besteht damit ein sog. Direktionsrecht des Arbeitgebers. Dieses gilt allerdings nicht uneingeschränkt, sondern es muss vom Arbeitgeber im Rahmen **billigen Ermessens** ausgeübt werden (§ 315 BGB), so dass der Arbeitgeber die berechtigten Interessen des Arbeitnehmers zu berücksichtigen hat.

Beispiel:

So verstößt die Ausübung des Direktionsrechts gegen § 315 BGB, wenn ein leitender Angestellter nur noch für Hilfsarbeiten eingesetzt wird.

Auch kann sich eine Einschränkung des Direktionsrechtes aus den **Grundrechten des Arbeitnehmers** (Art. 1 – 19 GG) ergeben.

Beispiel:

Dies wäre der Fall, wenn im Arbeitsvertrag Samstagsarbeit vorbehalten wurde, der Arbeitgeber für Samstagsarbeit allerdings nur Frauen und keine Männer, ohne einen sachlichen Grund, einsetzt. Die Ausübung dieses Direktionsrechtes wäre dann wegen Verstoßes gegen den Grundsatz der Gleichbehandlung von Mann und Frau (Art. 3 GG) unzulässig.

Wird das Direktionsrecht vorsätzlich falsch ausgeübt, kann es sich hierbei um das sog. **Mobbing** handeln.[43] Hier besteht für den Arbeitnehmer die Möglichkeit, sich im Rahmen eines arbeitsgerichtlichen Verfahrens zu wehren. Jedoch muss der Arbeitnehmer die Mobbingsituation beweisen; bloße Behauptungen reichen nicht aus.[44] Eine konkrete Schilderung nach zeitlicher Lage, beteiligten Personen, Anlass und Ablauf ist unerlässlich.[45] Da ein normales arbeitsgerichtliches Verfahren unter Umständen eine sehr lange Zeit bis zu einer rechtskräftigen Entscheidung in Anspruch nimmt, kann hier auch der Erlass einer einstweiligen Verfügung beantragt werden.

2.3.3 Arbeitszeit

In einem Arbeitsvertrag können nicht unendliche Arbeitszeiten vereinbart werden. Die Grenze der Arbeitszeiten sind im Arbeitszeitgesetz (ArbZG) geregelt. Nach § 2 Abs. 1 ArbZG ist Arbeitszeit die Zeit von Beginn bis zum Ende der Arbeit, ohne Ruhepausen. Damit gelten Wegzeiten, Umkleide- und Waschzeiten, sowie Zeiten der Rufbereitschaft nicht als Arbeitszeit.

Nach § 3 Abs. 1 ArbZG besteht der Grundsatz, dass die **regelmäßige werktägliche Arbeitszeit** max. acht Stunden betragen darf. Allerdings ist es möglich, dass der Arbeitgeber diese regelmäßige Arbeitszeit auf bis zu zehn Stunden nach § 3 Abs. 2 ArbZG verlängern kann, wenn er gleichzeitig sicherstellt, dass die Arbeitszeit insgesamt – gemessen über einen Zeitraum von sechs Monaten bzw. 24 Wochen – im Durchschnitt acht Stunden werktäglich nicht überschreitet. Allerdings sind nochmals abweichende Regelungen unter den Voraussetzungen des § 7 ArbZG zulässig.

Nach der Arbeitszeit steht dem Arbeitnehmer eine ununterbrochene **Ruhezeit** von mind. elf Stunden zu. Eine Verkürzung dieser Ruhezeit auf zehn Stunden ist lediglich in bestimmten Betrieben möglich, allerdings gemäß § 5 ArbZG nur dann, wenn die Ruhezeit insgesamt innerhalb eines Monats bzw. innerhalb von vier Wochen durch

---

[43] BAG 7 ABR 14/96 = NZA 1997, S. 781 ff
[44] BAG 2 AZR 88/07
[45] BAG 8 AZR 347/07 = NZA 2009, S. 38 ff

Verlängerung von anderen Ruhezeiten auf durchschnittlich mind. zwölf Stunden ausgeglichen wird.

Während der Arbeitszeit sind **Ruhepausen** zwingend vorgeschrieben, d.h. bei einer Arbeitszeit von sechs bis neun Stunden muss die Arbeitszeit durch Ruhepausen von insgesamt 30 Minuten unterbrochen werden. Bei einer Arbeitszeit von mehr als neun Stunden sind Ruhepausen von insgesamt mind. 40 Minuten einzuhalten, wobei die Ruhepausen in mehrere Abschnitte unterteilt werden können, wobei bei den Abschnitten 15 Minuten nicht unterschritten werden dürfen.

Neben der werktäglichen regelmäßigen Arbeitszeit bestehen auch Grenzen bei der **Nacht- und Sonntagsarbeit**. Unter Nachtarbeit ist jede Arbeit von mehr als zwei Stunden während der Nachtzeit (23:00 bis 06:00 Uhr) zu verstehen. Hier darf die max. werktägliche Arbeitszeit acht Stunden gemäß § 6 ArbZG nicht überschreiten. Gemäß § 9 ArbZG dürfen Arbeitnehmer an Sonn- und gesetzlichen Feiertagen von 0:00 bis 24:00 Uhr nicht beschäftigt werden. Allerdings ist die Verrichtung von Arbeiten, die an Werktagen nicht möglich sind, an Sonn- und Feiertagen gemäß § 10 ArbZG erlaubt, der auch einen umfassenden Katalog zur Regelung dieser Bereiche enthält.

2.3.4 Urlaub

Auch bzgl. des zu gewährenden Urlaubes gibt es Mindestanforderungen, die im Bundesurlaubsgesetz (BUrlG) geregelt sind. Allerdings können in Tarifverträgen oder arbeitsvertraglichen Vereinbarungen abweichende Regelungen enthalten sein, die gegenüber den Mindestanforderungen des BUrlG weitergehende Ansprüche gewähren. Nach dem BUrlG hat jeder Arbeitnehmer Anspruch auf mind. 24 Werktage Erholungsurlaub, wobei nach §§ 1, 3 BUrlG eine 6-Tage-Woche zugrunde gelegt wird. Der gesamte Urlaubsanspruch entsteht nach Beginn des Arbeitsverhältnisses erstmals nach einer sechsmonatigen Wartezeit.

Bei der **Urlaubsgewährung** hat der Arbeitgeber die Urlaubswünsche des Arbeitnehmers nach § 7 Abs. 1 BUrlG zu berücksichtigen, wobei hier eine Ausnahme in Betracht kommt, wenn die Urlaubswünsche eines anderen Arbeitnehmers kollidieren und vorrangig sind, z.B. weil diese nach sozialen Gesichtspunkten den Vorzug verdienen, z.B. weil ein Arbeitnehmer schulpflichtige Kinder hat, der andere allerdings nicht.

Die Urlaubsgewährung erfolgt durch den Arbeitgeber, so dass eine **Selbstbeurlaubung** durch den Arbeitnehmer **nicht möglich** ist. Wird keine Einigkeit über den Urlaub zwischen Arbeitgeber und Arbeitnehmer erzielt, ist das Arbeitsgericht anzurufen.

Nach § 7 Abs. 2 BUrlG ist der Urlaub grundsätzlich **zusammenhängend zu gewähren**, wobei dann eine Ausnahme zulässig ist, wenn dringende betriebliche Gründe vorliegen. Ungeachtet dieser Ausnahmen besteht aber immer das Recht des Arbeitnehmers auf einen zusammenhängenden Urlaub von mind. zwei Wochen, so dass es dem Arbeitgeber nicht möglich ist, den gesamten Arbeitsurlaub in einzelne Tage zu zerteilen.

Gemäß § 7 Abs. 3 BUrlG muss der Erholungsurlaub im Kalenderjahr genommen werden, es sei denn, es stehen Gründe in der Person des Arbeitnehmers oder dringende betriebliche Interessen entgegen, so dass dann eine **Übertragung auf das Folgejahr** erfolgen kann. In diesem Fall ist der Urlaub bis zum 31.03. des Folgejahres zu gewähren und zu nehmen. Selbstverständlich können sich Arbeitgeber und Arbeitnehmer auf andere Fristen verständigen, d.h. insbesondere dass der gesetzliche Urlaub nicht zum 31.03. des Folgejahres verfällt, sondern auch noch nach dem 31.03. des Folgejahres genommen werden kann.

Sollte der Arbeitnehmer nicht das komplette Kalenderjahr gearbeitet haben, so entsteht ein Anspruch auf einen entsprechenden Teilurlaub, wobei pro Beschäftigungsmonat 1/12 des Jahresurlaubs anfällt. Nach § 5 Abs. 2 BUrlG wird zugunsten des Arbeitnehmers gerundet. Neuerdings hat der EuGH jedoch entschieden, dass Zeiten von Kurzarbeit (sog. „Null-Kurzarbeit") nicht berücksichtigt werden.[46]

Der Urlaubsanspruch steht nach der Rechtsprechung des EuGH dem Arbeitnehmer auch dann zu, wenn dieser während des gesamten Kalenderjahres arbeitsunfähig erkrankt ist.[47] Jedoch muss der Arbeitnehmer innerhalb der nächsten 15 Monate seinen Urlaub antreten können, sonst verfällt er.[48] Der Anspruch auf Urlaubsabgeltung unterliegt tariflichen Ausschlussfristen.[49]

Erlischt das Arbeitsverhältnis durch den **Tod des Arbeitnehmers**, erlischt zugleich der Urlaubsanspruch. Er wandelt sich nicht in einen Abgeltungsanspruch im Sinne von § 7 Abs. 4 BurlG um.[50]

2.3.5 Gesundheits- und Arbeitsschutz

Aus dem Arbeitsvertrag ergibt sich als eine der wichtigsten Nebenpflichten des Arbeitgebers der Gesundheits- und Arbeitsschutz. Hierzu existieren zahlreiche Vorschriften, die z.B. im Arbeitsschutzgesetz (ArbSchG), der Arbeitsstättenverordnung (ArbStättV) oder auch der Bildschirmarbeitsverordnung (BildscharbV) enthalten sind.

Aus § 618 Abs. 1 BGB ergibt sich die Pflicht des Arbeitgebers, die Räume und Gerätschaften so auszustatten und einzurichten, dass die **Gesundheit des Arbeitnehmers**

---

[46] EuGH Rs C 229/11 und C 230/11 = DB 2013, S. 2751 ff (Heimann und Toltschin ./. Kaiser GmbH)
[47] EuGH C-350/06, Schulz-Hoff
[48] EuGH C-214/10, Schulte; BAG 9 AZR 652/10 = DB 2012, S. 2288 ff
[49] BAG 9 AZR 365/10 = DB 2012, S. 54 ff
[50] BAG 9 AZR 416/10 = DB 2012, S. 235 ff

nicht verletzt wird. Verletzt der Arbeitgeber diese Verpflichtung, ist er nach § 618 Abs. 3 BGB dem Arbeitnehmer zum Schadenersatz verpflichtet.

Unter bestimmten Voraussetzungen ist nach § 2 Arbeitssicherheitsgesetz (ASiG) der **Betriebsarzt** zu bestellen oder **Fachkräfte für Arbeitssicherheit** bereitzustellen. Außerdem hat der Arbeitgeber nach § 11 ASiG in Betrieben mit mehr als zwanzig Beschäftigten einen Arbeitssicherheitsausschuss einzurichten.

Kommt der Arbeitgeber diesen Verpflichtungen nicht nach, besteht für den Arbeitnehmer die Möglichkeit, auf Erfüllung der Schutzvorschriften zu klagen. Solange diese Schutzvorschriften vom Arbeitgeber nicht umgesetzt sind, besteht für den Arbeitnehmer ein Leistungsverweigerungsrecht nach § 273 BGB.

2.3.6 Weitere Nebenpflichten

Viele Nebenpflichten sind gesetzlich nicht geregelt. Diese wurden von der Rechtsprechung auf der Grundlage des § 242 BGB (Treu und Glauben) entwickelt.

So besteht z.B. ein Anspruch des Arbeitnehmers, dass dieser vom Arbeitgeber tatsächlich beschäftigt wird, d.h. der Arbeitgeber kann dem Arbeitnehmer keinen bezahlten Hausarrest aufzwingen. Dies bedeutet insbesondere, dass der Arbeitgeber den Arbeitnehmer nicht bis zur Beendigung des Arbeitsverhältnisses einseitig freistellen kann. Es ist lediglich möglich, dass der eventuell noch bestehende Resturlaub des Arbeitnehmers, auch gegen dessen Willen, genommen werden muss. Eine **Freistellung** kommt nur ausnahmsweise dann in Betracht, wenn die berechtigten Interessen des Arbeitgebers gegen die des Arbeitnehmers überwiegen, was z.B. dann der Fall sein kann, wenn die Gefahr besteht, dass der „freigestellte" Arbeitnehmer Betriebsgeheimnisse an sich nehmen würde oder den Betriebsfrieden stört. Möglich ist auch, dass im Arbeitsvertrag vereinbart wird, dass der Arbeitgeber den Arbeitnehmer freistellen darf. Befindet sich eine derartige Regelung im Arbeitsvertrag, ist diese rechtsverbindlich, es sei denn, es liegt grobe Unbilligkeit vor.

Wird der Arbeitnehmer freigestellt, muss der Arbeitgeber die vereinbarte Vergütung zahlen. Der (Rest)Urlaub des Arbeitnehmers wird von der Freistellung nur dann erfasst, wenn der Arbeitgeber dies zu Beginn der Freistellung erwähnt. Erzielt der Arbeitnehmer während der Freistellung einen anderweitigen Verdienst, ist dieser auf den gezahlten Lohn anzurechnen.

2.3.7 Verletzung vertraglicher Pflichten

Darüber hinaus besteht für den Arbeitnehmer eine nebenvertragliche Pflicht zur sorgfältigen Arbeitsleistung. Bei der sorgfältigen Arbeitsleistung stellt sich immer wieder die Frage, für welche Fehler der Arbeitnehmer haftet. Hier weichen die im Arbeitsrecht entwickelten Grundsätze von den normalen Grundsätzen des Bürgerlichen Gesetzbuches (BGB) ab, da der Arbeitnehmer vor hohen Haftungsrisiken geschützt werden muss. Die Rechtsprechung hat hier die Grundsätze zum **innerbetrieblichen Schadensausgleich** entwickelt.[51] Der innerbetriebliche Schadensausgleich kommt zur Anwendung, wenn der Schaden bei einer betrieblichen Tätigkeit entstanden ist und keine gesetzliche Haftpflichtversicherung des Arbeitnehmers besteht:

- Hat der Arbeitnehmer hierbei **vorsätzlich** oder **grob fahrlässig** gehandelt, trägt er den vollen Schaden.

- Ist dem Arbeitnehmer lediglich **mittlere Fahrlässigkeit** zur Last zu legen, besteht eine anteilige Haftung von Arbeitnehmer und Arbeitgeber entsprechend der Verschuldensquote.

- Ist dem Arbeitnehmer nur **leichte Fahrlässigkeit** zur Last zu legen, besteht seitens des Arbeitnehmers keine Haftung.

Abbildung 2-8:   Innerbetrieblicher Schadensausgleich

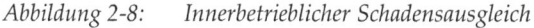

Vorsatz liegt vor, wenn der Arbeitnehmer die Pflichtwidrigkeit und den Schaden kennt und beides auch will.[52] Ausreichend ist nicht, dass eine vorsätzliche Handlung gegen Anweisung des Arbeitgebers besteht, solange nicht auch ein Vorsatz hinsichtlich des Schädigungserfolges besteht.

Grobe Fahrlässigkeit liegt vor, wenn der Arbeitnehmer eine besonders schwerwiegende und auch subjektiv unentschuldbare Pflichtverletzung begeht, d.h. etwas außer Acht lässt, was jedermann einleuchtet.[53]

---

[51] BAG 8 AZR 288/96 = NZA 1998, S. 310 ff
[52] BAG 8 AZR 347/01 = NZA 2003, S. 37 ff
[53] BAG 8 AZR 95 / 01 = NZA 2002, S. 612 ff

Beispiel:
Dies ist dann der Fall, wenn er ein Kfz in alkoholisiertem Zustand steuert oder während der Fahrt mit seinem Handy telefoniert[54]. Gleiches gilt bei Überfahren des Rotlichts einer Ampel.[55]

Im Bereich der groben Fahrlässigkeit neigen allerdings einige Gerichte dazu, den Schadensersatz des Arbeitnehmers auf bis zu drei Monatsgehälter zu begrenzen.[56] Das BAG folgt dem jedoch nicht.[57]

Nach dem Bundesarbeitsgericht ist die **Schadensquote** bei der mittleren Fahrlässigkeit aufgrund einer Gesamtschau aller Umstände des Einzelfalls festzulegen. Das Bundesarbeitsgericht legt hierfür folgende Kriterien an:

- Höhe des Schadens,
- Höhe des Entgelts,
- Stellung des Arbeitnehmers im Betrieb,
- Wahrscheinlichkeit des Schadenseintrittes,
- bisheriger Verlauf des Arbeitsverhältnisses,
- vom Arbeitgeber einkalkuliertes und versichertes Risiko,
- Dauer der Betriebszugehörigkeit.

Auch bei der mittleren Fahrlässigkeit neigen einige Instanzgerichte, genau wie bei der groben Fahrlässigkeit, dazu, den Schadensersatz des Arbeitnehmers auf 1–1,5 Monatsgehälter zu begrenzen.

---

[54] BAG 8 AZR 221/97 = NZA 1999, S. 263 ff
[55] BGH IV ZR 223/91 = NJW 1992, S. 2418
[56] LAG Nürnberg LAGE § 611 Arbeitnehmerhaftung Nr. 14
[57] BAG 8 AZR 705/11 = DB 2013, S. 705 ff

Abbildung 2-9: Begrenzung des Schadensersatzes beim innerbetrieblichen Schadensausgleich

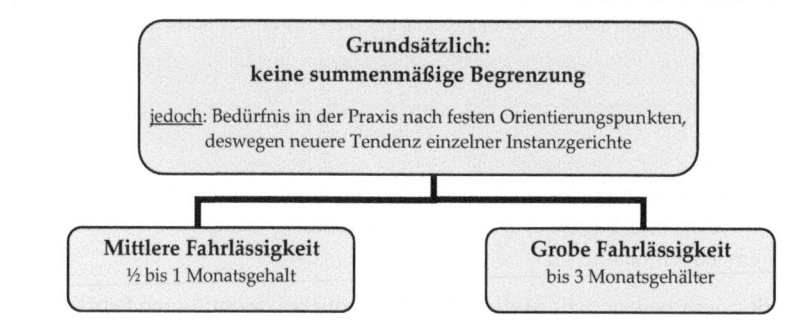

Würde der vom Arbeitnehmer zu leistende Schadensersatz, gleich bei welcher Verschuldungsquote, zu einer Existenzvernichtung führen, oder würde ein Missverhältnis zwischen Entgelt des Arbeitnehmers und Schadenshöhe bestehen, bzw. wenn der Arbeitgeber das realisierte Risiko hätte versichern müssen, begrenzt die Rechtsprechung die Haftung des Arbeitnehmers auf den **üblichen Selbstbehalt einer Haftpflichtversicherung**.[58]

Beispiel:

Wenn der Selbstbehalt in der Vollkasko-Versicherung 1.000 € beträgt, so kommt eine Haftung des Arbeitnehmers nur über diesen Betrag zustande. Jedoch ist hierbei noch der innerbetriebliche Schadensausgleich, insbesondere die Quotenbildung bei mittlerer Fahrlässigkeit, zu berücksichtigen. Wenn also der Arbeitnehmer 30 % Verschulden am Gesamtschaden hat, so haftet er nur auf 300 €.

Unbedingt zu beachten ist allerdings, dass die Grundsätze des innerbetrieblichen Schadensausgleiches lediglich zwischen Arbeitnehmer und Arbeitgeber gelten. Sie gelten damit **nicht im Außenverhältnis**. Verursacht der Arbeitnehmer also im Rahmen der Ausübung seiner Arbeit einen Schaden bei einem Dritten, kommt in Bezug auf den Dritten der innerbetriebliche Schadensausgleich selbstverständlich nicht zum Ansatz, d.h. gegenüber dem Dritten haftet der Arbeitnehmer zunächst voll. Allerdings besteht zum finanziellen Schutz des Arbeitnehmers ein **Freistellungsanspruch** gegenüber seinem Arbeitgeber, so dass der Arbeitnehmer im Ergebnis Dritten gegenüber

---

[58] BAG DB 1988, S. 1606 ff

nur in der Höhe haftet, in der er auch gegenüber seinem Arbeitgeber haften würde.[59] In Höhe der Differenz haftet der Arbeitgeber dann gegenüber dem Dritten.

Beispiel:

Wenn der Dritte einen Schaden in Höhe von 10.000 € erlitten hat und bei unterstellter mittlerer Fahrlässigkeit der Arbeitnehmer mit 40 % haftet, so muss der Arbeitgeber den Arbeitnehmer in Höhe von 6.000 € freistellen; die restlichen 4.000 € trägt dann der Arbeitnehmer. Freistellung bedeutet, dass der Arbeitgeber an den Dritten die 6.000 € direkt bezahlt.

Abbildung 2-10: Drittwirkung des innerbetrieblichen Schadensausgleiches

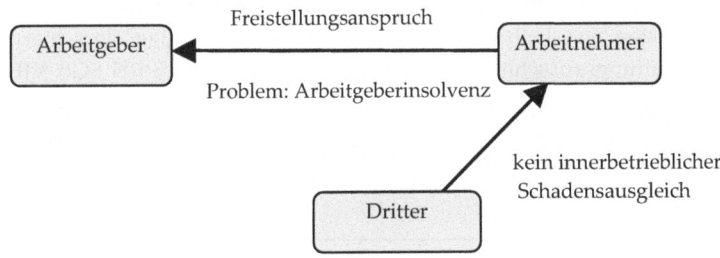

Dies kann allerdings ein Problem darstellen, wenn der Arbeitnehmer gegenüber dem Dritten im Außenverhältnis voll haftet, allerdings eine Freistellung nicht möglich ist, z.B. weil der Arbeitgeber sich in Insolvenz befindet.

Problematisch kann der innerbetriebliche Schadensausgleich auch im Rahmen von Leasingverträgen werden, da der Leasinggeber grundsätzlich als Dritter anzusehen ist. Least der Arbeitgeber vom Leasingnehmer einen bestimmten Gegenstand, hat dieser zumeist im Rahmen des Leasingvertrages einen Haftungsausschluss zu unterzeichnen, der für leichte und mittlere Fahrlässigkeit gilt. Im Vertrag wird allerdings dieser Haftungsausschluss lediglich zwischen Arbeitgeber und Leasinggeber und nicht zwischen Arbeitnehmer und Leasinggeber vereinbart. Im Rahmen der sog. ergänzenden Vertragsauslegung gilt aber auch hier für den Arbeitnehmer die Haftungsbegrenzung.[60]

---

[59] BAG 8 AZR 236 / 08
[60] BGH NZA 1990, S. 100 ff

2 Das Arbeitsverhältnis

Kommt es zu einem **Arbeitsunfall**, gilt § 105 SGB VII als Sonderregelung, d.h. nicht der Arbeitnehmer, sondern die Unfallversicherung trägt die Folgen eines Personenschadens bei Arbeitskollegen.

---

§ 105 SGB VII
Beschränkung der Haftung anderer im Betrieb tätiger Personen (Auszug)

(1) Personen, die durch eine betriebliche Tätigkeit einen Versicherungsfall von Versicherten desselben Betriebs verursachen, sind diesen sowie deren Angehörigen und Hinterbliebenen nach anderen gesetzlichen Vorschriften zum Ersatz des Personenschadens nur verpflichtet, wenn sie den Versicherungsfall vorsätzlich oder auf einem nach § 8 Abs. 2 Nr. 1 bis 4 versicherten Weg herbeigeführt haben. ...

(2) Absatz 1 gilt nicht, wenn nicht versicherte Unternehmer geschädigt worden sind ...

Damit § 105 SGB VII vorliegt, muss es sich um einen Arbeitsunfall handeln und sowohl Schädiger als auch Geschädigter müssen in dem Betrieb eingegliedert sein. Dies gilt auch zugunsten von Leiharbeitnehmern. Dies hat zur Folge, dass hiernach ein vollständiger Haftungsausschluss des Arbeitnehmers besteht. § 105 SGB VII kommt nicht zur Anwendung, wenn der Arbeitnehmer den Schaden vorsätzlich herbeigeführt hat oder wenn der Schaden auf dem Weg zur Arbeit entstanden ist. Ebenfalls kommt § 105 SGB VII bei Sachschäden nicht zur Anwendung.

Abbildung 2-11:   Personenschaden von Arbeitskollegen bei Arbeitsunfällen

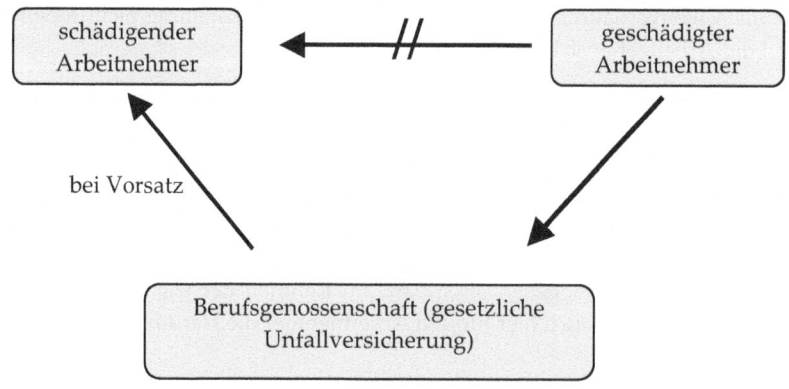

2.4 Entgeltzahlung

Enthält der Arbeitsvertrag keine Vereinbarung über die Höhe des Entgeltes, richtet sich dieses nach dem sog. ortsüblichen Lohn. Der ortsübliche Lohn entspricht im Regelfall dem Tariflohn.

Der Lohn wird grundsätzlich als **Bruttolohn** geschuldet. Der Arbeitgeber hat sowohl die Lohnsteuer als auch den Arbeitnehmeranteil zur Sozialversicherung einzubehalten und an die entsprechenden Stellen abzuführen. Der damit übrig bleibende Nettolohn ist dann vom Arbeitgeber an den Arbeitnehmer auszuzahlen. Der vom Arbeitnehmer dann noch zu tragende Anteil an Sozialversicherungsabgaben, d.h. Beiträge zur Kranken-, Renten-, Arbeitslosen- und Pflegeversicherung, beträgt derzeit ca. 1/5 des Bruttolohnes.

Leistet der Arbeitnehmer keine Arbeit, hat dieser grundsätzlich keinen Anspruch auf Lohn. Etwas anderes gilt allerdings bei Entgeltfortzahlungen im Krankheitsfalle, bei Feiertagslohn, Annahmeverzugslohn oder Lohn aufgrund der Betriebsrisikolehre. Bei diesen Lohnarten handelt es sich sämtlich um Löhne zum Schutz des Arbeitnehmers in bestimmten Situationen, in denen er an der Arbeitsleistung gehindert ist, er aber dennoch Lohn zur Lebensführung benötigt.

Abbildung 2-12: Entgeltzahlung

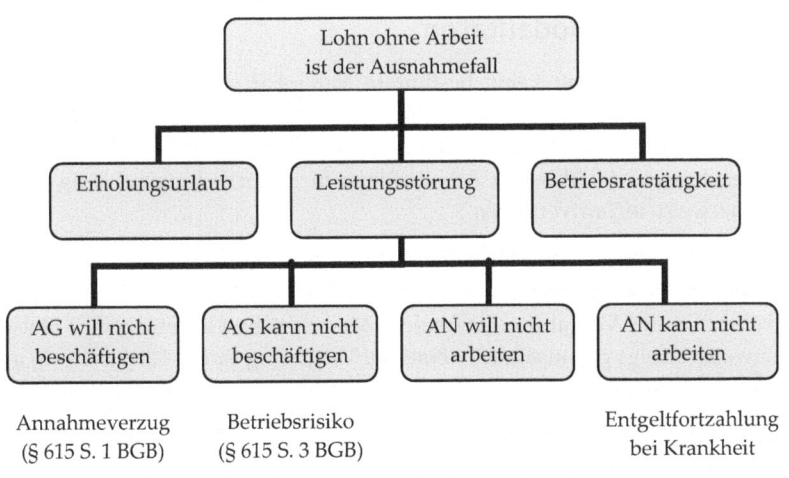

2 Das Arbeitsverhältnis

Wie bereits oben dargestellt, handelt es sich bei der Lohnzahlungspflicht des Arbeitgebers und der Arbeitsleistungspflicht des Arbeitnehmers um Hauptleistungspflichten des Arbeitsvertrages. Diese beiden Pflichten stehen in einem **Austauschverhältnis**.

Meist steht nicht der im Arbeitsvertrag direkt ausgeworfene Lohn zwischen Arbeitnehmer und Arbeitgeber im Streit. Oft herrscht vielmehr Streit über Neben- und Zusatzvergütungen. Es geht hier oft um die Frage, ob und inwieweit diese erfolgsabhängig, widerruflich oder leistungsbezogen gestaltet werden können.

Die Vereinbarungen über den Lohn sind grundsätzlich im Arbeitsvertrag geregelt. Regelungen können sich aber auch in Tarif- oder Betriebsvereinbarungen befinden. Darüber hinaus kann sich aus der sog. betrieblichen Übung ein bestimmter Vergütungsanspruch ergeben.

In letzter Zeit mussten sich Gericht auch vermehrt mit der Frage der **Sittenwidrigkeit von Löhnen** beschäftigen, § 138 Abs. 1 BGB. So wurde unter anderem entschieden, dass ein Stundenlohn von 5,20 € nicht akzeptabel ist, wenn der branchenübliche Lohn bei 8,-- € liegt.[61]

Eine Klausel, wonach der Arbeitnehmer verpflichtet ist, über seine Arbeitsvergütung auch gegenüber Arbeitskollegen **Verschwiegenheit** zu bewahren, ist unwirksam, da sie den Arbeitnehmer daran hindert, Verstöße gegen den Gleichbehandlungsgrundsatz im Rahmen der Lohngestaltung gegenüber dem Arbeitgeber erfolgreich geltend zu machen.[62]

2.4.1 Zahlungsmodalitäten

Enthält der Arbeitsvertrag keine bestimmte Vereinbarung über die Fälligkeit der Lohnzahlung, bestimmt § 612 Abs. 1 BGB, dass die Vergütung nach der Leistung der Arbeit zu entrichten ist. Damit ist der Arbeitnehmer vorleistungspflichtig. Abweichende Regelungen, d.h. dass der Arbeitnehmer nicht vorleistungspflichtig ist, finden sich üblicherweise in Tarifverträgen.

Fehlt es an einer Bestimmung über den **Ort der Zahlung der Vergütung** im Arbeitsvertrag, ist nach § 269 BGB die Vergütung am Betriebssitz zu leisten. Damit hat der Arbeitnehmer seine Vergütung abzuholen. Man spricht von einer sog. Holschuld. Üblicherweise erfolgt grundsätzlich heute die Vergütung durch Überweisung auf das Konto des Arbeitnehmers.

Neben der Lohnzahlung hat der Arbeitnehmer auch einen Anspruch auf eine **Abrechnung in Textform**, aus der sowohl der Betrag des verdienten Lohnes als auch die vorgenommenen Abzüge hervorgehen (vgl. § 108 Abs. 1 S. 1 GewO). Der Arbeitgeber hat,

---

[61] LAG Hamm 6 Sa 1284
[62] LAG Mecklenburg-Vorpommern 2 Sa 237/09

worauf es insbesondere bei der Barzahlung ankommt, nach § 368 BGB einen Anspruch auf Quittierung durch den Arbeitnehmer.

2.4.2 Überstunden

Leistet der Arbeitnehmer Überstunden, sind diese vom Arbeitgeber zu vergüten. Allerdings existiert keine gesetzliche Regelung über Überstundenzuschläge.

Kommt es zum Streitfall, hat der Arbeitnehmer in einem Verfahren vor dem Arbeitsgericht **darzulegen und zu beweisen**, dass Überstunden angefallen sind und dass diese betriebsnotwendig oder vom Arbeitgeber angeordnet waren. Es bietet sich daher an, sich die Überstunden vom Arbeitgeber schriftlich bestätigen bzw. anordnen zu lassen. Neuerdings hat das BAG jedoch die Beweislast für Arbeitnehmer erleichtert:

- Der Arbeitnehmer muss beweisen, an welchen Tagen er gearbeitet hat bzw. sich zur Verfügung gehalten hat;
- dann muss der Arbeitgeber beweisen, dass der Arbeitnehmer den Weisungen nicht nachgekommen ist.[63]

Wenn Überstunden jedoch vom Arbeitgeber dokumentiert wurden, so besteht der Beweis des ersten Anscheins, also die Vermutung, dass die Überstunden vergütungspflichtig sind.[64]

Eine vorformulierte arbeitsvertragliche Vereinbarung, wonach mit dem vertraglich vereinbarten Gehalt alle Überstunden abgegolten sind, ist nicht transparent im Sinne von § 307 Abs. 2 S. 2 BGB und demnach unwirksam.[65]

2.4.3 Gratifikationen

Im Streit stehen auch oft Gratifikationen, also zusätzliche Leistungen des Arbeitgebers zum ausstehenden Lohn.

Beispiele:

Weihnachtsgeld, Urlaubsgeld, Jubiläumsprämien bei einer bestimmten Dauer der Betriebszugehörigkeit.

---

[63] BAG 5 AZR 347/11 = DB 2012, S. 1752 ff
[64] ArbG Berlin 28 Ca 13586/12 = DB 2012, S. 2875 ff
[65] BAG 5 AZR 517/09

2 Das Arbeitsverhältnis

Gratifikationen können aufgrund

- des Arbeitsvertrages,
- einer Betriebsvereinbarung,
- betrieblicher Übung,
- des Gleichbehandlungsgrundsatzes oder
- eines Tarifvertrages

zu gewähren sein. Eine gesetzlich vorgeschriebene Gratifikation gibt es nicht.

Es handelt sich hierbei um zusätzliche Sonderleistungen, die an die Betriebstreue, ggf. auch an die zukünftige oder die bisherige Arbeitsleistung des Arbeitnehmers anknüpfen können. Maßgeblich ist in allen Fällen der objektiv erkennbare Wille des Arbeitgebers zur Leistung der Gratifikation. Der Arbeitgeber kann sich die jährlich neue Entscheidung über die Höhe der Gratifikation vorbehalten.[66]

In vielen Fällen herrscht nach einem Ausscheiden eines Arbeitnehmers aus dem Betrieb Streit über eine Gratifikation. Oft fordert auch der Arbeitgeber eine bereits geleistete Gratifikation vom Arbeitnehmer zurück. Eine **Rückforderung** ist nur dann zulässig, wenn eine Rechtsgrundlage hierfür vorhanden ist. Eine im Arbeitsvertrag, in einer Betriebsvereinbarung oder im Tarifvertrag enthaltene **Rückzahlungsklausel** ist von der Rechtsprechung in engen zeitlichen Grenzen gesetzt:

- Handelt es sich um eine Kleingratifikation (bis 150,00 €) kann eine Rückzahlungspflicht vertraglich nicht vereinbart werden. Damit besteht kein Rückzahlungsanspruch des Arbeitgebers.

- Handelt es sich um eine Gratifikation von 150,00 € bis zu einem Bruttomonatsgehalt, besteht eine Rückzahlungsverpflichtung des Arbeitnehmers bis zum 31.03. des auf die Zahlung folgenden Jahres. Kündigt also der Arbeitnehmer vor dem 31.03. des auf die Zahlung folgenden Jahres, besteht eine Rückerstattungspflicht.

- Handelt es sich um eine Gratifikation von mehr als einem Bruttomonatsgehalt, kann eine Rückzahlungspflicht nur bis zum 30.06. des auf die Zahlung folgenden Jahres erfolgen.

Eine Rückzahlungspflicht besteht dann nicht, wenn dem Arbeitnehmer aus betriebsbedingten Gründen gekündigt wird.

Ist der Arbeitgeber ist bei der Gewährung von Gratifikationen an den Gleichbehandlungsgrundsatz gebunden und darf nur aus sachlichen Gründen zwischen den einzelnen Arbeitnehmern differenzieren.[67] Insbesondere ist eine Ungleichbehandlung mög-

---

[66] BAG 10 AZR 26/12 = DB 2013, S. 819 ff
[67] BAG 10 AZR 666/08

Entgeltzahlung **2.4**

lich, wenn die (erhöhte) Gratifikation einen Ausgleich für ungünstigere Arbeitsbedingungen darstellt.

2.4.4 Urlaubsentgelt

Bei der Frage der Entlohnung im Urlaub ist zwischen bezahltem und unbezahltem Urlaub zu unterscheiden.

Grundsätzlich hat der Arbeitnehmer während seines Urlaubs Anspruch auf **Urlaubsentgelt**, welches sich nach seinem Durchschnittsverdienst der letzten 13 Wochen richtet, wobei Überstunden und Lohnkürzungen unberücksichtigt bleiben. Lohnerhöhungen sind allerdings gemäß § 11 Abs. 1 S. 2 BUrlG zu berücksichtigen, wenn diese nicht nur vorübergehend sind. Nach § 11 Abs. 1 S. 4 BUrlG sind auch Sachbezüge, wie z.B. Freiflugscheine bei Fluggesellschaften, zu berücksichtigen. Der Urlaubsentgeltanspruch unterfällt tariflichen Ausschlussfristen und ist daher in der vorgeschriebenen Form geltend zu machen. Alleine die Erhebung einer Kündigungsschutzklage reicht hierfür nicht aus.[68]

Wird der Arbeitnehmer während seines Urlaubes krank, kommt die vorrangige Entgeltfortzahlung zur Anwendung. Die Krankheitstage werden dann selbstverständlich nicht von den Urlaubstagen abgezogen (vgl. hierzu auch 2.3.4).

Bei einem Arbeitsverhältnis mit einem weiteren Arbeitgeber während des Kündigungsschutzprozesses lässt den Urlaubsanspruch trotzdem entstehen, wenn sich später die Unwirksamkeit der Kündigung herausstellt. Jedoch muss der vom anderen Arbeitgeber gewährte Urlaub angerechnet werden.[69]

Beim **unbezahlten Urlaub** ruhen die Hauptleistungspflichten, d.h. der Arbeitnehmer muss nicht arbeiten und der Arbeitgeber muss keinen Lohn zahlen. Der Arbeitnehmer hat grundsätzlich keinen Anspruch auf unbezahlten Urlaub, so dass dies ein Entgegenkommen des Arbeitgebers darstellt bzw. Verhandlungssache zwischen Arbeitgeber und Arbeitnehmer ist. Ein Anspruch auf unbezahlten Urlaub kann sich allerdings aus einer Vereinbarung, z.B. im Arbeitsvertrag, ergeben. Das Problem beim unbezahlten Urlaub besteht darin, dass während des unbezahlten Urlaubes der Versicherungsschutz in der gesetzlichen Sozialversicherung nicht besteht, wenn der unbezahlte Urlaub länger als einen Monat dauert. Eine freiwillige Weiterversicherung in der gesetzlichen Kranken- und Pflegeversicherung kann nur innerhalb von drei Monaten nach dem Eintritt des unbezahlten Urlaubes erfolgen, allerdings nur, wenn in den letzten fünf Jahren mindestens zwölf Monate lang eine Pflichtmitgliedschaft in der Krankenkasse bestanden hat. Für die Rentenversicherung bringt ein unbezahlter Ur-

---

[68] BAG 10 AZR 486/10 = DB 2012, S. 1388 ff
[69] BAG 9 AZR 487/10 = DB 2012, S. 1513 ff

laub lediglich Nachteile, da in dieser Zeit keine Beiträge zur Rentenversicherung geleistet werden.

Vom Urlaubsentgelt ist das **Urlaubsgeld** zu unterscheiden, welches eine Gratifikation darstellt. Diese ist vom Arbeitgeber lediglich aufgrund vertraglicher oder freiwilliger Basis zu leisten.

2.4.5 Feiertagslohn

Gemäß § 2 EntgFG ist der Lohn bei Arbeitsausfall in Folge eines **gesetzlichen Feiertags** weiterzuzahlen, allerdings nur dann, wenn die Arbeit wegen des Feiertags ausfällt. Dies bedeutet, dass für den Fall, dass der Feiertagslohn und eine Entgeltfortzahlung im Krankheitsfalle zusammentreffen, der Anspruch auf Feiertagslohn nach § 4 Abs. 2 EntgFG vorgeht. Gemäß § 2 Abs. 3 EntgFG entfällt ein Anspruch auf Feiertagslohn, wenn der Arbeitnehmer an dem Tag vor dem Feiertag unentschuldigt fehlt.

Fällt die Arbeit an einem Feiertag wegen **Kurzarbeit** aus und wird für Tage vor bzw. nach dem Feiertag Kurzarbeitergeld geleistet, gilt die Arbeit am Feiertag gemäß § 2 Abs. 2 EntgFG als wegen des Feiertages ausgefallen, d.h. an diesem Tag wird kein Kurzarbeitergeld, sondern Feiertagslohn gezahlt.

Beispiel:

Findet an einem Feiertag gleichzeitig ein Streik statt, besteht kein Anspruch auf Feiertagslohn, es sei denn, der Streik würde an dem Feiertag beendet werden. Es handelt sich um eine Arbeitskampftaktik, welche von den Gerichten gebilligt wird.

Abbildung 2-13: Feiertagslohn

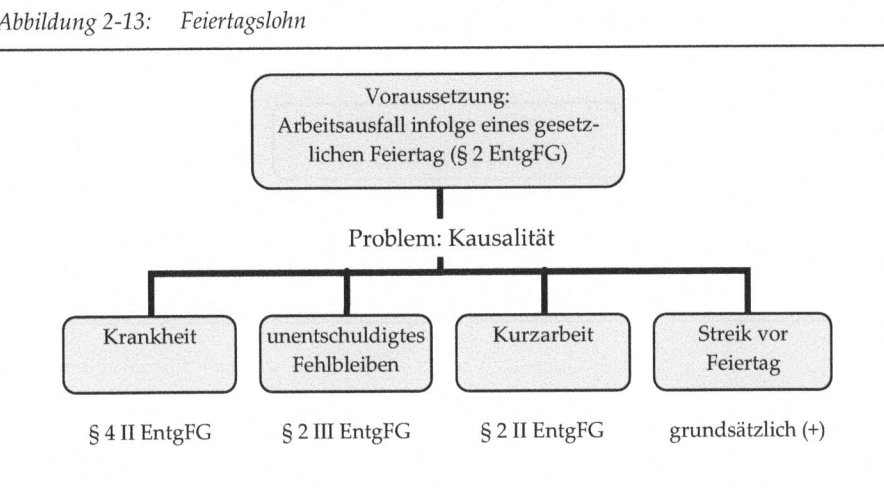

2.4.6 Arbeitsverhinderung

Ist der Arbeitnehmer (vorübergehend) unverschuldet an der Leistung seiner Arbeit verhindert, behält er dennoch gemäß § 616 BGB seinen Anspruch auf die vertraglich vereinbarte Vergütung.

Wichtige Fälle der vorübergehenden Arbeitsverhinderung sind insbesondere unaufschiebbare Arztbesuche, Krankheit eines Kindes des Arbeitnehmers und hohe religiöse Feiertage, wenn diese keine gesetzlichen Feiertage sind.

Unter eine vorübergehende Arbeitsverhinderung fällt auch die Heirat des Arbeitnehmers oder der Tod eines nahen Angehörigen des Arbeitnehmers. Der Anspruch auf Weiterzahlung des geschuldeten Lohnes besteht nur, wenn die Verhinderung für eine **verhältnismäßig nicht erhebliche Zeit**, also nicht mehr als 1 – 2 Wochen pro Jahr eintritt.

Der Anspruch auf Lohnzahlung im Fall der vorübergehenden **unverschuldeten Arbeitsverhinderung** kann gemäß § 616 BGB im Arbeitsvertrag ausgeschlossen werden. § 616 BGB gilt aber nicht, wenn der Arbeitnehmer aufgrund des sog. Wegerisikos, also insbesondere wegen schlechter Witterungsverhältnisse oder Autopannen, zu spät zur Arbeit kommt.

Abbildung 2-14: Unverschuldete Arbeitsverhinderung

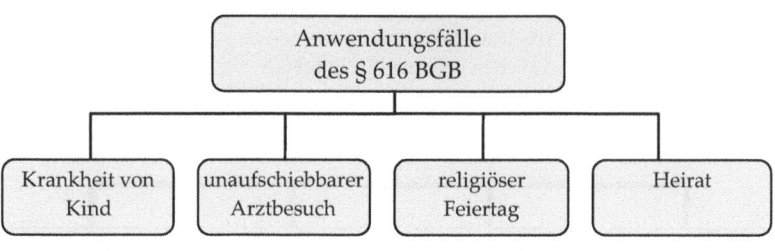

2.4.7 Entgeltfortzahlung im Krankheitsfall

Grundsätzlich hat der Arbeitnehmer seine Arbeitsleistung zu erbringen, damit er seinen Lohn erhält. Eine Ausnahme hiervon besteht insbesondere im Falle der Krankheit des Arbeitnehmers nach § 3ff. EntgFG.

Damit der Arbeitnehmer die Entgeltfortzahlung im Krankheitsfalle erhält, muss die Arbeitsunfähigkeit auf Krankheit beruhen, wobei nicht jede Krankheit automatisch zu einer Arbeitsunfähigkeit führt.

Der Arbeitnehmer hat nur einen Anspruch auf Entgeltfortzahlung, wenn er aufgrund seiner Krankheit seine Arbeitsleistung nicht erbringen kann. Darüber hinaus darf **kein Verschulden** des Arbeitnehmers an seiner eigenen Krankheit vorliegen, d.h. es darf kein Verschulden gegen sich selbst bestehen. Unter Verschulden ist dabei eine leichtsinnige, unverantwortliche Selbstgefährdung oder ein Verstoß gegen das von einem verständigen Menschen im eigenen Interesse zu erwartende Verhalten zu verstehen.

Beispiele:

Hierunter fallen insbesondere Krankheiten wegen Nichttragens von Schutzkleidung im Betrieb, Alkohol im Straßenverkehr oder besonders gefährliche Sportarten wie Kickboxen.

Ist die Krankheit des Arbeitnehmers strittig, hat er dies zu beweisen, d.h. er trägt die Beweislast. Durch Vorlage einer **Arbeitsunfähigkeitsbescheinigung** eines Arztes

2.4 Entgeltzahlung

erbringt der Arbeitnehmer grundsätzlich nach § 5 Abs. 1 S. 2 EntgFG den Beweis dafür, dass er arbeitsunfähig erkrankt ist. Nunmehr kann der Arbeitgeber die Beweiskraft der Arbeitsunfähigkeitsbescheinigung widerlegen, z.B. wenn er Zeugen dafür aufbringen kann, dass der Arbeitnehmer während der Krankschreibung andere Arbeiten verrichtet hat. Dies gilt allerdings nicht, wenn ein z.B. wegen einer Erkältung krankgeschriebener Arbeitnehmer beim Einkaufen oder Spazierengehen gesehen worden ist.

Im Falle der Krankheit hat der Arbeitnehmer insbesondere zwei daraus sich ergebende Nebenpflichten zu erfüllen:

- Nach § 5 Abs. 1 S. 1 EntgFG hat er **unverzüglich** dem Arbeitgeber seine Erkrankung und die voraussichtliche Dauer der Krankheit **anzuzeigen**. Nach der Rechtsprechung hat dies der Arbeitnehmer am ersten Tag der Krankheit zu Arbeitsbeginn zu erledigen, in dem er den Arbeitgeber telefonisch oder mittels eines Boten in Kenntnis setzt.

- Daneben hat er dem Arbeitgeber gemäß § 5 Abs. 1 S. 2 EntgFG eine **Arbeitsunfähigkeitsbescheinigung eines Arztes** vorzulegen, falls der Arbeitnehmer länger als drei Tage arbeitsunfähig krank ist, wobei im Arbeitsvertrag auch andere Fristen vereinbart sein können. Gemäß § 7 Abs. 1 Nr. 1 EntgFG kann der Arbeitgeber die Lohnfortzahlung verweigern, solange der Arbeitnehmer keine Arbeitsunfähigkeitsbescheinigung eines Arztes vorgelegt hat. Es steht im freien Ermessen des Arbeitgebers, das Attest bereits ab dem ersten Krankheitstag zu verlangen.[70]

Liegen die Voraussetzungen der **Entgeltfortzahlung** im Krankheitsfall vor, hat der Arbeitgeber längstens eine Lohnfortzahlung für **sechs Wochen** zu gewähren. Nach § 4 EntgFG ist der Lohn zu gewähren, der dem Monatsgehalt entspricht, der sich aus dem Durchschnitt der letzten dreizehn Wochen ergibt.

Bei einer sog. Fortsetzungserkrankung, die dann vorliegt, wenn der Arbeitnehmer mehrmals hintereinander aufgrund ein und derselben Grundkrankheit erkrankt, ist die Gesamtdauer der Entgeltfortzahlung nach § 3 Abs. 1 S. 2 EntgFG auf sechs Wochen beschränkt.

Nach Ablauf der sechs Wochen hat der Arbeitnehmer Anspruch auf **Krankengeld** von seiner Krankenkasse.

Nach § 4a EntgFG kann sich die Krankheit auf die Höhe einer zu beanspruchenden **Gratifikation** auswirken. Hiernach dürfen pro Krankheitstag max. ¼ des durchschnittlichen Tagesentgeltes gekürzt werden.

Nach § 6 EntgFG gehen Ansprüche des Arbeitnehmers, die gegenüber einem Dritten bestehen, auf den Arbeitgeber über, wenn der Arbeitgeber Entgeltfortzahlung leistet. Hier hat der Arbeitgeber nach § 7 Abs. 1 Nr. 2 EntgFG ein dauerhaftes Leistungsverweigerungsrecht in Bezug auf die Entgeltfortzahlung, wenn der Arbeitnehmer dies

---

[70] BAG 5 AZR 886/11

verhindert. Eine Verhinderung liegt z.B. dann vor, wenn der Arbeitnehmer gegenüber seinem Schädiger auf Schadensersatzansprüche verzichtet.

Abbildung 2-15: Entgeltfortzahlung im Krankheitsfalle

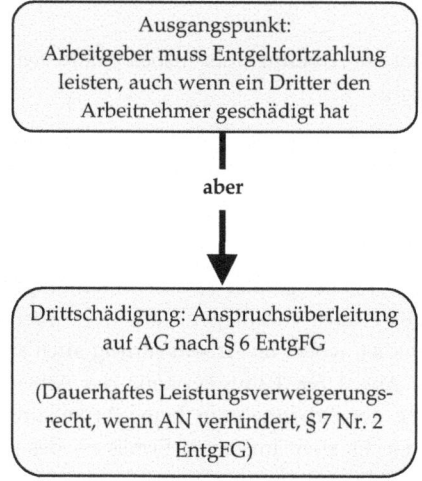

2.4.8 Betriebsrisiko

Kann der Arbeitgeber den Arbeitnehmer aufgrund von Betriebsstörungen nicht beschäftigen, trägt der Arbeitgeber nach § 615 S. 3 BGB die Lohnkosten. Grundsätzlich lässt sich sagen, dass diejenige Vertragspartei das Lohnausfallrisiko trägt, aus dessen Bereich die Störung stammt.

Kann der Arbeitnehmer aufgrund eines Streikes nicht arbeiten, ist zu unterscheiden, ob der Betrieb unmittelbar bestreikt wird, da dann der Arbeitnehmer das Lohnausfallrisiko trägt, oder ob der Betrieb nur mittelbar bestreikt wird, d.h. ein Zulieferbetrieb wird bestreikt. Im letzten Fall trägt der Arbeitgeber die Lohnkosten.

2.4.9 Annahmeverzug

Gemäß § 615 S. 1 BGB behält der Arbeitnehmer seinen Anspruch auf Lohn, wenn der Arbeitgeber mit der Annahme der Arbeitsleistung in Verzug gerät. Dies bedeutet, dass der Arbeitnehmer die ausgefallene Arbeitszeit nicht nachleisten muss.

2.4 Entgeltzahlung

Damit ein Annahmeverzug des Arbeitgebers entsteht, muss diesem vom Arbeitnehmer mitgeteilt werden, dass er zur Arbeitsleistung bereit und willig ist. Im Falle einer unberechtigten Kündigung durch den Arbeitgeber ist dieses Angebot des Arbeitnehmers gemäß § 296 BGB entbehrlich, da der Arbeitgeber bereits in seiner unberechtigten Kündigung zum Ausdruck gebracht hat, dass er den Arbeitnehmer nicht weiter beschäftigen will. Gemäß § 297 BGB besteht nur Anspruch des Arbeitnehmers auf Lohn im Falle des Annahmeverzuges des Arbeitgebers, wenn der Arbeitnehmer auch arbeitsfähig war. Dies scheidet bei Arbeitsunfähigkeit des Arbeitnehmers aus.

Erzielt der Arbeitnehmer während der Zeit des Annahmeverzuges des Arbeitgebers einen **anderweitigen Verdienst**, oder hat er einen solchen Verdienst mutwillig nicht erzielt, ist dieser Verdienst oder der mutwillig nicht erzielte Verdienst auf den Entgeltanspruch anzurechnen, § 615 S. 2 BGB. Dies gilt auch dann, wenn der Arbeitnehmer unzumutbare Arbeit beim gleichen Arbeitgeber unterlässt.[71]

2.4.10 Schutz des Arbeitseinkommens

Der Arbeitslohn dient grundsätzlich zur Existenzsicherung des Arbeitnehmers. Deshalb hat der Gesetzgeber verschiedene Schutzmaßnahmen ergriffen, so dass der Arbeitnehmer seinen Lohn tatsächlich erhält, um seinen Lebensunterhalt zu sichern.

Abbildung 2-16:   *Entgeltsicherung*

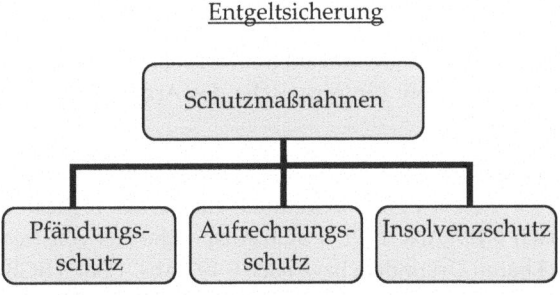

Als wichtigstes Institut in diesem Zusammenhang ist der **Pfändungsschutz** gemäß §§ 828, 850 ff. ZPO zu sehen. Danach können Gläubiger des Arbeitnehmers nicht den gesamten Lohn des Arbeitnehmers pfänden. Dem Arbeitnehmer ist ein Mindestbetrag,

---

[71] BAG 5 AZR 564/10 = DB 2012, S. 406 ff

Das Arbeitsverhältnis

der zur Sicherung seines Lebensunterhaltes dient, zu belassen. Damit kann grundsätzlich nur der darüber hinausgehende Betrag gepfändet werden. Die **Pfändungsfreigrenzen** bestimmen sich damit nach dem konkreten Nettoverdienst des Arbeitnehmers und der Anzahl der Personen, denen der Arbeitnehmer gesetzlich zum Unterhalt verpflichtet ist. Diese Pfändungsfreibeträge sind in einer Tabelle, geordnet nach Nettoverdienst und Unterhaltsverpflichtungen, zusammengestellt (vgl. § 850 c ZPO).

Hat der Arbeitgeber noch Ansprüche gegenüber dem Arbeitnehmer, kann er diesen Anspruch gegenüber dem Arbeitnehmer **aufrechnen**, allerdings nur für den pfändbaren Teil (§ 394 S. 1 BGB).

Arbeitsentgeltzahlungen in den letzten drei Monaten vor der Insolvenz sind im Regelfall **nicht anfechtbar**, § 130 InsO. Die Rechtsprechung begründet dies damit, dass es sich um Barzahlungen im Sinne von § 142 InsO handelt, auch wenn das Geld per Überweisung bezahlt wurde.[72]

Zudem erhält der Arbeitnehmer in den letzten drei Monaten vor Insolvenzeröffnung **Insolvenzgeld** von der Agentur für Arbeit, wenn das Arbeitsentgelt aufgrund Insolvenzeröffnung bzw. Ablehnung der Insolvenzeröffnung mangels Masse nicht bezahlt wird, §§ 165 ff SGB III.

2.4.11 Verjährung

Gemäß § 195 BGB i.V.m. § 199 Abs. 1 BGB verjährt der Anspruch auf Zahlung der Vergütung in **drei Jahren**, wobei die Frist mit Ende des Jahres, in dem der Anspruch entstanden ist und in dem der Arbeitnehmer von den anspruchsbegründenden Tatsachen und der Person des Schuldners Kenntnis erlangt hat, beginnt.

Die dreijährige Verjährungsfrist gilt sowohl für vertragliche als auch für nichtvertragliche Ansprüche. Sie gilt sowohl für Ansprüche des Arbeitnehmers als auch für Ansprüche des Arbeitgebers.

Lediglich in Ausnahmefällen beträgt die **Verjährungsfrist 30 Jahre**. Hierunter fallen insbesondere nach § 197 Abs. 1 Nr. 3 BGB durch ein Gericht rechtskräftig festgestellte Ansprüche oder nach § 197 Abs. 1 Nr. 4 BGB Ansprüche aus vollstreckbaren Vergleichen oder vollstreckbaren Urkunden, bzw. nach § 197 Abs. 1 Nr. 5 BGB Ansprüche, die durch eine im Insolvenzverfahren erfolgte Feststellung vollstreckbar geworden sind.

Dies bedeutet nicht zwingend, dass der Anspruch auch grundsätzlich 30 Jahre lang geltend gemacht werden kann, da die Rechtsprechung das Rechtsinstitut der Verwirkung entwickelt hat. Insofern ist es ratsam, regelmäßig zumindest zu versuchen den titulierten Anspruch durchzusetzen, also im Wege der Zwangsvollstreckung beitreiben zu lassen.

---

[72] BAG 6 AZR 262 /10 = DB 2011, S. 2779 ff

3 Beendigung des Arbeitsverhältnisses

3.1 Allgemeines

In der Praxis spielt die Kündigung als häufigster Grund für die Beendigung eines Arbeitsverhältnisses eine große Rolle. Eine Beendigung des Arbeitsverhältnisses ist nur für die Zukunft, also nicht mit Rückwirkung möglich.

Eine Kündigung kann sich immer nur auf das gesamte Arbeitsverhältnis beziehen. Nach der Rechtsprechung des Bundesarbeitsgerichtes ist eine sog. **Teilkündigung**, die sich lediglich auf Teile des Arbeitsvertrages bezieht, unzulässig. In Betracht kommt allerdings dann eine sog. Änderungskündigung, d.h. eine Kündigung des gesamten Arbeitsvertrages mit einem neuen Vertragsangebot.

Im Rahmen der Kündigung ist zwischen der **ordentlichen** und der sog. **außerordentlichen Kündigung** (Kündigung aus wichtigem Grund) zu unterscheiden.

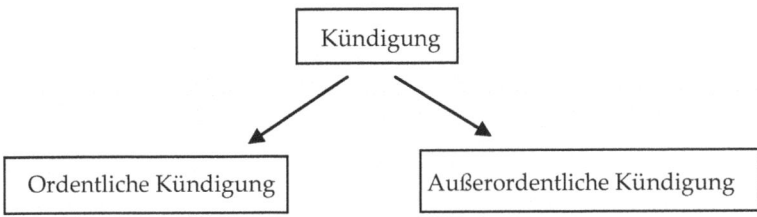

Beide müssen allerdings gemäß § 623 BGB **schriftlich** erfolgen, was bedeutet, dass sowohl der Kündigungstext, als auch die Unterschrift des Kündigenden auf einer Urkunde vorhanden sein müssen. Dies hat zur Folge, dass Kündigungen per Telefax oder per E-Mail, wegen Verstoßes gegen das Schriftformerfordernis (Originalunterschrift) gemäß § 125 S. 1 BGB, nichtig sind. Allerdings kann trotz eines Verstoßes gegen das Schriftformerfordernis eine Kündigung ausnahmsweise gemäß § 242 BGB (Verstoß gegen den Grundsatz von Treu und Glauben) wirksam sein.

Beendigung des Arbeitsverhältnisses

Das Kündigungsschreiben muss nicht „Kündigung" überschrieben sein, es reicht, wenn eindeutig zum Ausdruck gebracht wird, dass damit das Arbeitsverhältnis beendet werden soll.

Bei einer Kündigung durch den Arbeitgeber ist zudem zu beachten, ob derjenige, der die Kündigung ausgesprochen, also unterschrieben hat, **zur Kündigung berechtigt** war. Dies ist, wenn ein Arbeitgeber eine natürliche Person ist, selbstverständlich diese natürliche Person. Bei einer juristischen Person kommt zunächst der gesetzliche Vertreter der juristischen Person in Frage. Da aber bei größeren juristischen Personen nicht alle Personalentscheidungen vom vertretungsberechtigten Organ getroffen werden, ist zu prüfen, ob die konkret kündigende Person auch dazu berechtigt war. Hatte diese Person Prokura oder Handlungsvollmacht, ist sie stets zur Kündigung berechtigt, §§ 49, 54 HGB. Andere Personen nur dann, wenn ihre Kündigungsbefugnis, z.B. durch Aushang im Betrieb, offenkundig ist, oder wenn sie eine Originalvollmacht des Berechtigten beifügt. Es muss sich hierbei um eine Originalvollmacht handeln, eine Kopie einer Vollmacht ist nicht ausreichend. Fehlt die Originalvollmacht, kann der Arbeitnehmer die Kündigung unverzüglich, d.h. innerhalb einer Woche, zurückweisen § 174 BGB. Damit wird die Kündigung unwirksam. Diese kann natürlich dann wieder vom Arbeitgeber mit Vorlage einer ordnungsgemäßen Originalvollmacht erneut ausgesprochen werden. Damit hat der Arbeitnehmer allerdings Zeit gewonnen, d.h. insbesondere kann es dazu führen, dass eine Kündigungserklärungsfrist gemäß § 626 Abs. 2 S. 1 BGB im Falle einer außerordentlichen Kündigung verstrichen ist, oder wenn die Kündigung bis zu einem bestimmten Zeitpunkt auszusprechen ist, dieser Zeitpunkt überschritten ist.

Die Kündigung muss sodann **dem Arbeitnehmer zugegangen** sein, d.h. in dessen Machtbereich gelangt sein, § 130 BGB.

Dieses Erfordernis ist erfüllt, wenn die Kündigung dem Arbeitnehmer persönlich ausgehändigt wird, oder, wenn eine Übersendung mit der Post erfolgt, der Brief in den Postbriefkasten des Arbeitnehmers eingeworfen ist.

Zudem kann die Übermittlung der Kündigung durch einen Boten erfolgen, damit ist auch belegt, dass der Arbeitnehmer die Kündigung tatsächlich erhalten hat. Erfolgt die Kündigung durch Übersendung durch die Post, empfiehlt sich die Übermittlung mit Einwurf- oder Übergabe-Einschreiben. Nach der Rechtsprechung des Bundesarbeitsgerichts reicht die Übergabe an den Ehegatten aus. Der Zugang erfolgt dann, wenn nach dem gewöhnlichen Verlauf der Dinge von einer Weitergabe ausgegangen werden kann.[73]

Ist im Unternehmen des Arbeitgebers ein **Betriebsrat** eingerichtet, so ist dieser vor Ausspruch der Kündigung gemäß § 102 BetrVG **zu hören**. Erfolgt diese vorhergehende Anhörung nicht, ist die Kündigung unwirksam. Bei der Anhörung ist der Betriebsrat vom Arbeitgeber über die Gründe der Kündigung zu hören. Im Falle einer beab-

---

[73] BAG 6 AZR 687/09 = DB 2011, S. 1696

sichtigten ordentlichen Kündigung hat der Betriebsrat eine Woche Zeit zur Stellungnahme. Bei einer außerordentlichen Kündigung ermäßigt sich die Frist des Betriebsrates zur Stellungnahme auf drei Tage. Gibt der Betriebsrat keine Stellungnahme zur Kündigung ab, gilt dies als Zustimmung. Äußert der Betriebsrat dagegen Bedenken gegen die Kündigung bzw. widerspricht er der Kündigung ganz, hat dies keine Auswirkungen auf die Kündigung. Der Arbeitgeber kann die Kündigung dennoch aussprechen, dem Betriebsrat steht nur ein Anhörungs-, aber kein Vetorecht zu.

3.2 Ordentliche Kündigung

Der Normalfall der Beendigung eines Arbeitsverhältnisses stellt die ordentliche Kündigung dar. Diese kann sowohl durch den Arbeitgeber als auch durch den Arbeitnehmer ausgesprochen werden. Bei der ordentlichen Kündigung hat der Arbeitnehmer seinerseits nur die Kündigungsfrist zu beachten. Spricht der Arbeitgeber die ordentliche Kündigung aus, hat er zunächst die Einhaltung der **Kündigungsfrist** zu beachten und darüber hinaus das Vorliegen eines **Kündigungsgrundes**, wenn das Kündigungsschutzgesetz gilt.

3.2.1 Kündigungsfrist

Die Kündigungsfrist ergibt sich entweder aus dem Arbeitsvertrag, aus einer tariflichen Regelung oder aus einer Betriebsvereinbarung.

Nur wenn eine solche Regelung nicht besteht, kommt die gesetzliche Kündigungsfrist nach § 622 Abs. 1 BGB zur Anwendung. Hiernach beträgt die gesetzliche Kündigungsfrist 4 Wochen zum 15. oder zum Ende eines Kalendermonats.

Bei **Kündigungen durch den Arbeitgeber** verlängert sich diese Frist in Abhängigkeit von der Beschäftigungsdauer, so dass sich diese nunmehr nach § 622 Abs. 2 S. 1 BGB richtet. Die maximale Kündigungsfrist für den Arbeitgeber ist demnach 7 Monate zum Monatsende. Beschäftigungen aus früheren Arbeitsverhältnissen mit dem gleichen Arbeitgeber zählen nicht mit.[74] § 622 Abs. 2 letzter Halbsatz BGB, wonach Beschäftigungszeiten vor Vollendung des 25. Lebensjahrs nicht mitzählen, kommt aus Diskriminierungsgründen nicht mehr zur Anwendung.[75]

Von diesen gesetzlichen Kündigungsfristen kann gemäß § 622 Abs. 4 BGB durch Tarifvertrag oder nach § 622 Abs. 5 BGB im konkreten Arbeitsvertrag abgewichen werden, letzteres aber nur, wenn der Arbeitnehmer nur zur vorübergehenden Aushilfe beschäf-

---

[74] BAG NZA 2007, S. 1103 ff
[75] EuGH C-555/07, Kücükdeveci

3 Beendigung des Arbeitsverhältnisses

tigt wurde, bzw. wenn der Arbeitgeber weniger als zwanzig Arbeitnehmer beschäftigt und die Kündigungsfrist mindestens einen Monat beträgt.

Wurde eine **Kündigung mit falscher Frist** ausgesprochen, so kann sie in eine Kündigung mit rechtlich wirksamer Frist umgedeutet werden, § 140 BGB. Allerdings setzt dies voraus, dass innerhalb 3 Wochen nach Zugang der Kündigung Kündigungsschutzklage erhoben wurde.[76] Die Umdeutung ist wie folgt zu prüfen:

- abgeschlossenes Rechtsgeschäft (hier: Kündigung mit falscher Frist) ist unwirksam,
- anderes Rechtsgeschäft wäre wirksam (hier: Kündigung mit richtiger Frist) und
- die Parteien hätten das andere Rechtsgeschäft vereinbart, wenn sie die Unwirksamkeit des abgeschlossenen Rechtsgeschäfts gekannt hätten (sog. Umdeutungswille).

Mit dem gleichen Schema kann auch eine unwirksame außerordentliche Kündigung in eine ordentliche Kündigung umgedeutet werden (aber nie umgekehrt!).

3.2.2 Allgemeiner Kündigungsschutz

Unter Umständen kommt das Kündigungsschutzgesetz zur Anwendung.

Dieses gilt gemäß § 1 Abs. 1 KSchG für Arbeitnehmer, deren Arbeitsverhältnis in demselben Betrieb oder Unternehmen ununterbrochen länger als sechs Monate bestanden hat. Gemäß § 23 Abs. 1 S. 2 KSchG ist es nur auf Betriebe anwendbar, die mehr als zehn Arbeitnehmer im Betrieb oder Unternehmen beschäftigen, wenn das Arbeitsverhältnis nach dem 31.12.2003 begonnen hat. Hat das Arbeitsverhältnis davor begonnen ist das KSchG schon anwendbar bei über 5 Beschäftigten.

Bei der Anzahl der Arbeitnehmer sind auch die Arbeitnehmer mitzuzählen, deren Arbeitsverhältnis z.B. wegen Elternzeit oder Wehrdienst ruht.

Sind im Betrieb Teilzeitbeschäftigte vorhanden, werden diese abhängig von ihrer regelmäßigen wöchentlichen Arbeitszeit mitgezählt, d.h. bei einer Arbeitszeit bis zu zwanzig Wochenstunden einschließlich werden sie mit 0,5 und bei 20 – 30 Wochenstunden einschließlich mit 0,75 in die Berechnung eingestellt.

---

[76] BAG 5 AZR 700/09 = DB 2010, S. 2620

3.2 Ordentliche Kündigung

Abbildung 3-1:   Anwendbarkeit des KSchG

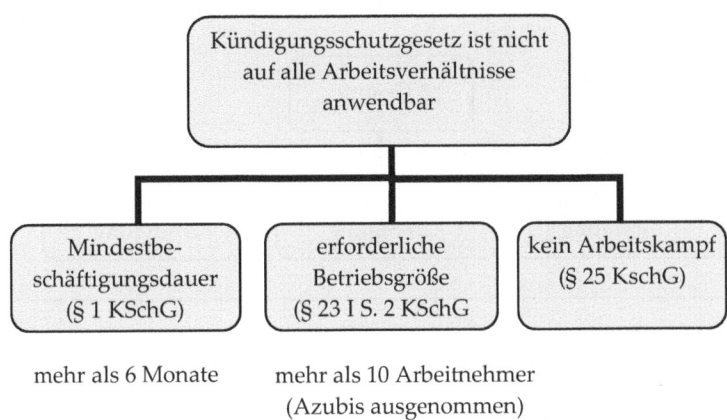

Wichtig ist jedoch, dass der Arbeitnehmer binnen 3 Wochen nach Zugang der Kündigung Klage beim Arbeitsgericht auf Feststellung der Unwirksamkeit der Kündigung erhebt. Andernfalls ist die Kündigung wirksam, §§ 4, 7 KSchG. Wenn ein Vertreter des Arbeitgebers ohne Vollmacht kündigt, beginnt die Frist erst mit Zugang der Genehmigung durch den Arbeitgeber.[77]

Wenn das KSchG zur Anwendung kommt, muss die Kündigung durch den Arbeitgeber, wenn sie wirksam sein soll, sozial gerechtfertigt sein. Sozial gerechtfertigt ist sie, wenn

- ein betriebsbedingter,
- ein verhaltensbedingter oder
- ein personenbedingter

Kündigungsgrund vorliegt.

---

[77] BAG 2 AZR 858/11 = DB 2013, S. 520 ff

Abbildung 3-2: Kündigungsgründe nach dem KSchG

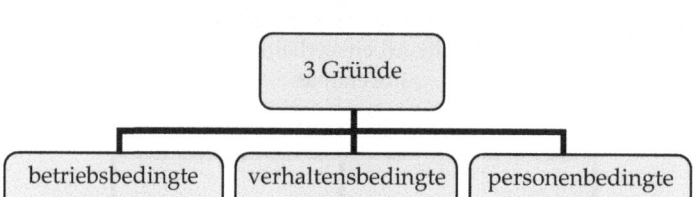

Die betriebsbedingte Kündigung wird in folgenden Stufen geprüft:

3.2.2.1 Entscheidung des Unternehmers/Arbeitgebers

Der Arbeitgeber trifft die Entscheidung über den Personalabbau eigenständig. Sie darf jedoch nicht unsachlich, unvernünftig oder willkürlich sein. Er darf insbesondere nicht selbst durch die Schaffung einer neuen internen betrieblichen Struktur gezielt darauf hingewirkt haben, dem Arbeitnehmer seinen Arbeitsplatz zu nehmen. Da es sich bei einer betrieblichen Kündigung im Wesentlichen um eine unternehmerische Entscheidung des Arbeitnehmers handelt, kann diese grundsätzlich vom Gericht nicht auf die Erforderlichkeit oder wirtschaftliche Zweckmäßigkeit geprüft werden. Allerdings können organisatorische, technische und wirtschaftliche Unternehmensentscheidungen, die sich konkret und nachteilig auf die Stelle des gekündigten Arbeitnehmers auswirken, vom Gericht auf Missbrauch geprüft werden, d.h. ob sie offensichtlich unsachlich oder willkürlich sind

3.2.2.2 Betriebliche Gründe

Es müssen betriebliche Gründe vorliegen, die die Maßnahme als Folge der Unternehmerentscheidung erforderlich machen:

- außerbetriebliche Gründe (z.B. Auftragsmangel, Rohstoffmangel, Absatzschwierigkeiten[78]) *oder*

- innerbetriebliche Gründe (z.B. Rationalisierungsmaßnahmen, Organisationsänderung, Betriebseinschränkung oder -stilllegung)

---

[78] BAG NZA 2012, S. 852 ff

Beispiele:

In der Praxis kommen u.a. eine Änderung der Arbeitsprofile durch den Arbeitgeber[79], eine Arbeitsverdichtung[80], die Aufgabenübernahme durch den Arbeitgeber[81] oder ein Auftragsrückgang[82] in Betracht.

3.2.2.3 Wegfall des Arbeitsplatzes

Führt die betriebliche Maßnahme als Folge der Unternehmerentscheidung zum Wegfall des Arbeitsplatzes des betroffenen Arbeitnehmers

- durch Wegfall des Arbeitsbereichs *oder*
- durch Wegfall des Arbeitsmittels *oder*
- wegen Personalüberhangs

Zudem muss die Kündigung gemäß § 1 I, II KSchG dringlich sein. Dringlichkeit bedeutet, dass die Kündigung unvermeidbar und damit verhältnismäßig ist.[83]

Die Dringlichkeit wird verneint, wenn im Unternehmen ständig **Leiharbeiter** auf vergleichbaren Arbeitsplätzen beschäftigt werden. Werden diese nur vorübergehend eingesetzt, ist dies für die Kündigung nicht schädlich.[84] Wenn es sich dagegen um eine ständige externe Personalreserve handelt, ist der Fall anders zu beurteilen.

---

[79] BAG AP § 1 KSchG 1969 Betriebsbedingte Kündigung Nr. 133
[80] BAG § 1 KSchG 1969 Wiederherstellung Nr. 1
[81] BAG 2 AZR 559/86
[82] BAG EzA § 1 KSchG Betriebsbedingte Kündigung Nr. 54
[83] BAG AP § 2 KSchG Nr. 7
[84] BAG 6 AZR 289/11 = DB 2013, S. 180 ff

Abbildung 3-3: Dringlichkeit der Kündigung

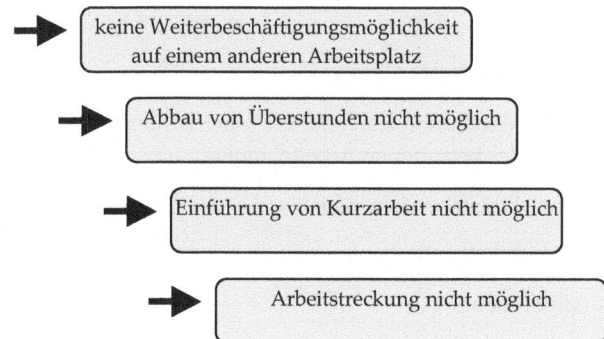

Gemäß § 1 Abs. 3 S. 1 KSchG muss für eine wirksame betriebsbedingte Kündigung eine ordnungsgemäße Sozialauswahl stattgefunden haben. Hier sind nach dem Kündigungsschutzgesetz durch den Arbeitgeber

- die Dauer der Betriebszugehörigkeit,
- das Lebensalter,
- Unterhaltspflichten und
- eine eventuelle Schwerbehinderung des Arbeitnehmers

gegenüber anderen, in der Hierarchie des Unternehmens vergleichbaren Arbeitnehmern abzuwägen (sog. **horizontale Vergleichbarkeit**).

Abbildung 3-4: Sozialauswahl

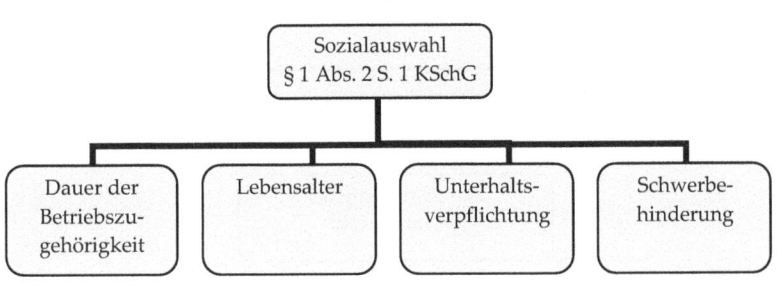

Eine betriebsbedingte Kündigung als solche kann immer dann ausgesprochen werden, wenn sich entweder aus innerbetrieblichen Umständen oder durch außerbetriebliche Einwirkungen eine unternehmerische Entscheidung ergibt, die eine Weiterbeschäftigung des Arbeitnehmers unmöglich macht.

Die betrieblichen Erfordernisse müssen hierbei **dringend** sein und die Kündigung wegen der wirtschaftlichen Lage des Betriebes unvermeidbar machen, so dass es auch nicht durch anderweitige betriebliche Maßnahmen möglich ist, die Kündigung zu umgehen.

Der Arbeitgeber hat damit konkret darzulegen und ggf. zu beweisen, dass sich, z.B. durch einen Umsatzrückgang oder durch Rationalisierungsmaßnahmen, der Arbeitsanfall und der Bedarf an Arbeitskräften unmittelbar verringert hat.

Liegen demgemäß die Gründe für eine betriebliche Kündigung als solche vor, hat der Arbeitgeber dann gemäß § 1 Abs. 3 S. 1 KSchG die, wie bereits oben dargelegt, eine Sozialauswahl zu treffen, wobei denen in § 1 Abs. 3 S. 1 KSchG genannten Kriterien grundsätzlich Gleichgewicht zukommt. Hier ist es unbeachtlich, ob z.B. der Arbeitgeber von Unterhaltsverpflichtungen oder einer eventuellen Schwerbehinderung des Arbeitnehmers Kenntnis hat, es kommt ausschließlich auf das **objektive Vorliegen der Kriterien** an. Etwas anderes gilt allerdings, wenn der Arbeitnehmer dem Arbeitgeber nach entsprechender Aufforderung keine Auskunft hierüber gegeben hat.

Im Rahmen der Sozialauswahl steht dem Arbeitgeber ein gewisser **Wertungsspielraum** zu. Seine Auswahlentscheidung muss lediglich vertretbar sein, braucht allerdings nicht mit einer Entscheidung übereinstimmen, die das Gericht getroffen hätte, wenn es eigenverantwortlich die Abwägung vorgenommen hätte.[85]

---

[85] BAG 2 AZR 907 / 06 = NZA 2008, S. 1120 ff

Beendigung des Arbeitsverhältnisses

Die vorzunehmende Sozialauswahl kann aber gemäß § 1 Abs. 3 S. 2 KSchG durch einen Leistungsträger, gemäß § 1 Abs. 4 KSchG wegen einer **Auswahlrichtlinie** und gemäß § 1 Abs. 5 KSchG wegen einer **Namensliste** durchbrochen werden.

Abbildung 3-5:   Durchbrechung der Sozialauswahl

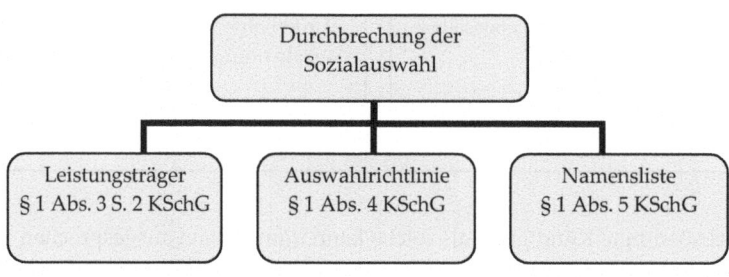

Nach § 1 Abs. 3 KSchG fallen Arbeitnehmer aus der Sozialauswahl, wenn deren Weiterbeschäftigung, vor allem wegen ihrer Kenntnisse, Fähigkeiten und Leistungen oder zur Sicherung einer ausgewogenen Personalstruktur des Betriebs in einem berechtigtem betrieblichen Interesse liegt. Es handelt sich hierbei um sog. **Leistungsträger**. Die Rechtsprechung wendet hier einen strengen Maßstab an.[86] Hierbei hat der Arbeitgeber die Darlegungs- und Beweislast.[87]

Damit ein Arbeitnehmer ein Leistungsträger ist, muss bei ihm ein erheblicher Unterschied im Vergleich zur Arbeitsleistung vergleichbarer Kollegen vorliegen Er muss weniger häufig krank sein, er muss vielseitiger verwendbar sein und seine Nichtentlassung muss der Erhaltung der Altersstruktur oder Erhaltung wichtiger Kundenkontakte dienen.[88]

---

[86] BAG 2 AZR 748 / 05 = NZA-RR 2007, S. 460 ff
[87] BAG NZA 2005, S. 877, 878
[88] BAG 2 AZR 509 / 05

Checkliste: Leistungsträger

- besonderes, betrieblich notwendiges Know-how[89]
- besondere Kundenkontakte
- erheblich überdurchschnittliche Leistung
- erheblich weniger krankheitsbedingte Fehlzeiten als andere Arbeitnehmer

Gemäß § 1 Abs. 4 KSchG können die Betriebspartner eine Gewichtung der einzelnen Sozialauswahlkriterien festlegen, d.h. also Auswahlrichtlinien für die Sozialauswahl bestimmen. Dies geschieht in der Regel durch Vergabe eines **Punktesystems**. Diese Auswahlkriterien sind gemäß § 1 Abs. 4 KSchG im Falle einer gerichtlichen Auseinandersetzung nur auf grobe Fehlerhaftigkeit zu überprüfen, d.h. ob die Grenzen des Bewertungsspielraums gewahrt sind. Eine nähere Prüfung kann durch das Arbeitsgericht nicht erfolgen.

Gemäß § 1 Abs. 5 KSchG kann auch eine Namensliste in einem Anhang zu einer Vereinbarung zwischen Betriebsrat und Arbeitgeber erstellt werden. Ist ein Arbeitnehmer auf dieser **Namensliste** benannt, wird vermutet, dass die Sozialauswahl bereits ordnungsgemäß durchgeführt wurde, wenn die Namensliste unter Berücksichtigung des Schriftformerfordernisses erstellt und selbst in den Interessensausgleich oder als Anlage fest mit diesem verbunden ist. Es muss sich um eine einheitliche Urkunde handeln.[90] Ist ein Arbeitnehmer auf einer derartigen Liste aufgeführt, kann im Falle eines gerichtlichen Verfahrens die Sozialauswahl nur noch auf grobe Fahrlässigkeit geprüft werden. Eine grobe Fehlerhaftigkeit liegt in diesem Fall nur dann vor, wenn die Namensliste die Dauer der Betriebszugehörigkeit, das Lebensalter, die Unterhaltsverpflichtungen oder die Schwerbehinderung des betroffenen Arbeitnehmers überhaupt nicht berücksichtigt hat.

Ob ein Grund vorliegt, der eine betriebsbedingte Kündigung rechtfertigt, ist in einem Kündigungsschutzprozess oft eine Frage der **Beweislast**, d.h. ob ein solcher Grund in einem gerichtlichen Verfahren bewiesen werden kann, wenn die Gegenseite dieses bestreitet.

- Hier hat der Arbeitgeber zunächst darzulegen und zu beweisen, dass außerbetriebliche oder innerbetriebliche Umstände, die eine betriebsbedingte Kündigung rechtfertigen, vorliegen. Wie bereits dargestellt, ist eine Unternehmerentscheidung auf die Zweckmäßigkeit hin nicht gerichtlich überprüfbar. Nun muss der Arbeitnehmer darlegen und beweisen, dass diese getroffene Unternehmerentscheidung offensichtlich willkürlich, unsachlich oder unvernünftig ist.

---

[89] BAG § 1 KSchG 1969 Betriebsbedingte Kündigung Nr. 13
[90] BAG NZA 2010, S. 1352 ff

- Danach hat der Arbeitgeber Auswirkungen auf den Arbeitsplatz (Arbeitskräfteüberhang) und die Unvermeidbarkeit der Kündigung als mildestes Mittel zu beweisen. Der Arbeitnehmer müsste dann ggf. konkrete Alternativen aufzeigen und beweisen, dass eine anderweitige Beschäftigungsmöglichkeit besteht und konkret einen freien Arbeitsplatz im Unternehmen benennen, auf dem eine Weiterbeschäftigung möglich wäre.

3.2.3 Personenbedingte Kündigung

Neben der betriebsbedingten Kündigung kommt oft eine personenbedingte Kündigung in Betracht, d.h. eine Kündigung, die auf in der Person des Arbeitnehmers liegende Gründe gestützt wird. Diese Gründe müssen auf persönlichen Eigenschaften des Arbeitnehmers beruhen, ohne dass der Arbeitnehmer hierzu verantwortlich gemacht werden muss, da ansonsten verhaltensbedingte Gründe vorliegen würden, auf die noch einzugehen sein wird. Die personenbedingten Gründe müssen Auswirkungen auf die Arbeitsleistung bzw. auf die arbeitsvertraglich geschuldeten Pflichten des Arbeitnehmers haben.

Bei den personenbedingten Kündigungsgründen spielt in der Praxis die **Krankheit des Arbeitnehmers** eine wichtige Rolle. Ob eine derartige Kündigung wegen Krankheit gerechtfertigt ist, prüft die Rechtsprechung an sehr strengen Anforderungen. Nicht jede Erkrankung führt dazu, dass dem Arbeitnehmer eine Kündigung ausgesprochen werden kann. Führt z.B. eine Krankheit dazu, dass der Arbeitnehmer nur eine geminderte Arbeitsleistung erbringen kann, ist der Arbeitgeber verpflichtet, eine dem Körperzustand bzw. Gesundheitszustand des Arbeitnehmers angemessene Arbeit zuzuweisen bzw. ggf. hierzu eine Änderungskündigung auszusprechen.

Eine krankheitsbedingte Kündigung kommt nach der Rechtsprechung des Bundesarbeitsgerichtes üblicherweise nur bei einer Dauererkrankung, bei einer dauerhaften Leistungsminderung oder bei sog. häufigen Kurzerkrankungen in Betracht.

Bei einer **Dauererkrankung** kommt eine Kündigung dann in Betracht, wenn zum Zeitpunkt der Kündigung aufgrund der objektiven Umstände mit einer Arbeitsunfähigkeit auf nicht absehbare Zeit zu rechnen ist und insbesondere diese Ungewissheit zu unzumutbaren betrieblichen oder wirtschaftlichen Belastungen des Arbeitgebers führt. Hierbei ist der Grundsatz der Verhältnismäßigkeit zu beachten, d.h. der Arbeitgeber hat zunächst zumutbare anderweitige Maßnahmen, wie z.B. die Einstellung einer Aushilfskraft oder Umorganisation für die Zeit des krankheitsbedingten Ausfalls des Arbeitnehmers, zu prüfen.

Abbildung 3-6: Arten der krankheitsbedingten Kündigung

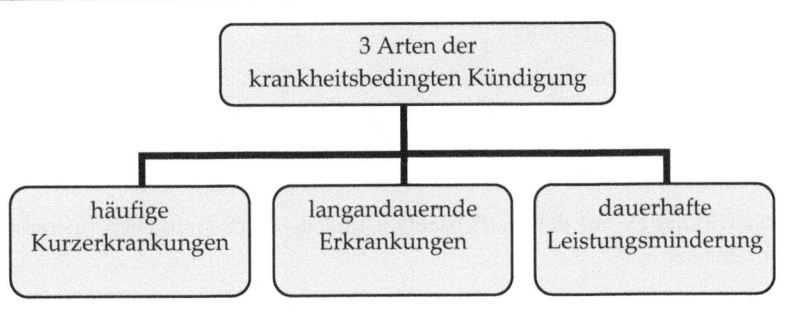

Eine **häufige Kurzerkrankung** kann eine personenbedingte Kündigung rechtfertigen, wenn der Arbeitnehmer schon in der Vergangenheit häufig krank war und nunmehr anzunehmen ist, dass sich sein Gesundheitszustand auch in Zukunft nicht bessern wird. Wenn aufgrund der mangelnden Besserungsaussichten nun weiter mit häufigen Krankheitszeiten zu rechnen ist, die insgesamt für den Betrieb nicht mehr zumutbar sind, kann eine personenbedingte Kündigung wegen häufiger Kurzerkrankungen erfolgen. Bei häufigen Kurzerkrankungen müssen zum Zeitpunkt der Kündigung objektive Tatsachen vorliegen, die die Besorgnis weiterer Kurzerkrankungen in der Zukunft rechtfertigen. Man spricht hierbei von der sog. negativen Zukunftsprognose.[91] Diese muss dazu führen, dass die entstandenen bzw. die erwarteten Fehlzeiten zu einer erheblichen Beeinträchtigung der betrieblichen Interessen führen, wobei sowohl betriebliche Belastungen als auch wirtschaftliche Belastungen, zu denen auch die Lohnfortzahlung im Krankheitsfalle gehört, zu berücksichtigen sind.

Stützt der Arbeitgeber die Kündigung entweder auf eine Dauer- oder häufige Kurzerkrankung, hat er im Falle einer gerichtlichen Auseinandersetzung im Einzelnen dazulegen und ggf. zu beweisen, welche unzumutbaren Betriebsbeeinträchtigungen oder unzumutbare wirtschaftliche Belastungen in der Vergangenheit eingetreten sind bzw. in der Zukunft eintreten werden. Bei der Frage, ob finanzielle Belastungen zumutbar sind, kommt es auch auf die Frage der Dauer des ungestörten Bestandes des Arbeitsverhältnisses an, so dass vom Arbeitgeber mehr Rücksichtnahme zu erwarten ist, wenn das Arbeitsverhältnis schon länger ungestört bestanden hat.[92] Die gesamtwirtschaftliche Situation des Betriebes ist hierbei unbeachtlich. Beachtlich ist lediglich die Frage, ob zwischen der Arbeitsleistung und den Kosten des Arbeitsverhältnisses einschließlich der Belastungen durch Lohnfortzahlungskosten ein auffälliges Missverhältnis besteht. Hier ist darüber hinaus eine umfassende Interessensabwägung von

---

[91] BAG 2 AZR 44/05 = NZA 2006, S. 655 ff
[92] BAG DB 1990, S. 429 ff

Arbeitgeber und Arbeitnehmer vorzunehmen, bei denen zudem noch alle in diesem Zusammenhang bestehenden Umstände, wie z.B.

- Lebensalter des Arbeitnehmers,
- die Dauer der Betriebszugehörigkeit,
- Ursache der Erkrankung,
- die Situation auf dem Arbeitsmarkt sowie
- die Auswirkungen auf den Betriebsablauf und die wirtschaftlichen Interessen des Unternehmens

zu berücksichtigen sind.

Ein einmaliger Schicksalsschlag in Form einer Krankheit reicht nicht aus, vielmehr muss der Arbeitgeber erst die negativen Auswirkungen für das Unternehmen abwarten.[93]

Der Arbeitgeber trägt die **Beweislast** dafür, dass mit weiteren Erkrankungen zu rechnen ist. In der Vergangenheit bestandene häufige Kurzerkrankungen können durchaus ein Indiz dafür sein, dass eine ungünstige Zukunftsprognose besteht. Der Arbeitnehmer trägt anschließend die Beweislast dafür, dass seine früheren kurzen Erkrankungen keine Anzeichen für zukünftige Krankheitsfälle darstellen, wenn er dies behauptet.

In diesem Zusammenhang stellt sich oft die Frage, ob **Alkohol- oder Drogenabhängigkeit** oder anderer Suchtkrankheiten, die sicherlich Krankheiten darstellen, wenn sie sich über eine lange Dauer ziehen oder es ständig zu erneuernden Schüben kommt, eine personenbedingte Kündigung rechtfertigen können.[94] Wenn in diesen Fällen kein Verschulden des Arbeitnehmers vorliegt, ist eine darauf gestützte Kündigung nur dann sozial gerechtfertigt, wenn durch die Krankheit die betrieblichen Interessen des Arbeitgebers unzumutbar beeinträchtigt werden. Ist der abhängige Arbeitnehmer im Falle einer Kündigung nicht therapiebereit, muss davon ausgegangen werden, dass die Suchtkrankheit auch in nächster Zeit nicht geheilt werden wird. Damit wäre eine Kündigung gerechtfertigt. Für den Fall einer Therapiebereitschaft muss der Arbeitgeber vor einer Kündigung zunächst den Erfolg einer Therapie abwarten.

Bei allen Arten der krankheitsbedingten Kündigung muss der Arbeitgeber **ein betriebliches Eingliederungsmanagement** durchführen (§ 84 Abs. 2 SGB IX), auch wenn es sich um einen betriebsratslosen Betrieb handelt.[95] Voraussetzung ist, dass der Arbeitnehmer innerhalb eines Jahres länger als 6 Wochen arbeitsunfähig erkrankt ist.

---

[93] LAG Köln 6 Sa 1433/10
[94] BAG DB 1983, S. 2420 ff
[95] BAG 2 AZR 88 / 09 = DB 2011, S. 535 ff

Auch führt eine **fehlende Arbeitserlaubnis** des Arbeitnehmers nicht automatisch zur Beendigung des Arbeitsverhältnisses.[96] Hier kann der Arbeitgeber eine personenbedingte Kündigung aussprechen, die nur dann Erfolg hat, wenn nicht in absehbarer Zeit mit der Erteilung einer Arbeitserlaubnis zu rechnen ist. In diesem Fall müsste der Arbeitgeber den Arbeitsplatz frei halten, es sei denn, es würden betriebsbedingte Belange entgegenstehen.

Besteht der Arbeitnehmer eine bestimmte Prüfung nicht oder verfügt über eine mangelnde **fachliche Qualifikation**, rechtfertigt dies ebenfalls eine personenbedingte Kündigung.

Muss der Arbeitnehmer in **Untersuchungshaft** oder eine Freiheitsstrafe verbüßen, rechtfertigt dies keine personenbedingte Kündigung, wenn für den Arbeitgeber nur geringe Belastungen entstehen, die zumutbar sind. In diesem Falle ist der Arbeitgeber verpflichtet, sofern dies möglich ist, darauf hinzuwirken, dass der Arbeitnehmer einen Freigängerstatus erhält.[97] Aufgrund der neueren Rechtsprechung ist von der Unzumutbarkeit für den Arbeitgeber bei einer Freiheitsstrafe von mehr als 2 Jahren auszugehen.[98]

Ist der Arbeitnehmer in einem **Ehrenamt** tätig, stellt dies ebenfalls keinen personenbedingten Kündigungsgrund dar. Gemäß § 45 Abs. 1a DRiG gilt dies für ehrenamtliche Richter in der Allgemeinen Gerichtsbarkeit bzw. gemäß § 26 Abs. 1 ArbGG bzw. § 20 SGG für Arbeits- bzw. Sozialrichter. Gleiches gilt gemäß § 48 Abs. 2 GG für politische Mandatsträger.

3.2.4 Verhaltensbedingte Kündigung

Eine verhaltensbedingte Kündigung liegt vor, wenn ein Verhalten des Arbeitnehmers, also jedes **vom Willen des Arbeitnehmers gesteuerte Verhalten**, die arbeitsvertraglichen Pflichten verletzt. Insofern unterscheidet sich die verhaltensbedingte Kündigung von der personenbedingten Kündigung, die aufgrund der mangelnden Eignung und Befähigung erfolgen kann, welche nicht auf einem steuerbaren Verhalten des Arbeitnehmers beruht.

Eine verhaltensbedingte Kündigung braucht nicht innerhalb der Frist des § 626 BGB ausgesprochen werden.

Ob eine verhaltensbedingte Kündigung gerechtfertigt ist, ist anhand von drei Stufen zu prüfen. Zunächst ist festzustellen, ob eine Verletzung vertraglicher Pflichten vorliegt. Sodann ist zu prüfen, ob eine einschlägige Abmahnung erfolgt ist, oder ob diese

---

[96] BAG DB 1988, S. 1501 ff
[97] BAG DB 1995, S. 1716 ff
[98] BAG 2 AZR 984/08 = DB 2011, S. 1396 ff

wegen der Schwere der Pflichtverletzung ausnahmsweise entbehrlich war. Sodann ist eine umfassende Interessenabwägung vorzunehmen.

Abbildung 3-7:   Verhaltensbedingte Kündigung

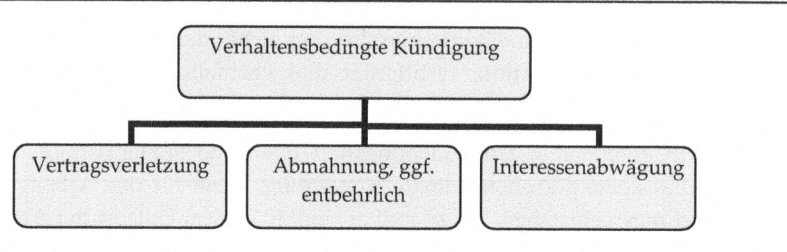

Die in der Regel vorzunehmende Abmahnung soll bewirken, dass der Arbeitgeber dem Arbeitnehmer sein Fehlverhalten nochmals vor Augen führt, so dass der Arbeitnehmer vor dem Ausspruch einer Kündigung durch den Arbeitgeber die Möglichkeit erhält, sein Fehlverhalten zu ändern. Wurden dagegen Verstöße des Arbeitnehmers gegen arbeitsvertragliche Pflichten vom Arbeitgeber über einen längeren Zeitraum hingenommen, sind diese ohne Folgen.

Die **Anzahl der zu erteilenden Abmahnungen** ist gesetzlich nicht vorgeschrieben. Insbesondere besteht keine Pflicht, den Arbeitnehmer dreifach abzumahnen. In der Regel dürfte eine Abmahnung ausreichend sein. Dies gilt allerdings insbesondere dann nicht, wenn der abgemahnte Vorfall bereits einen längeren Zeitraum zurückliegt und nicht sehr gravierend war, so dass hier eine weitere Abmahnung erforderlich sein kann.

Eine nach einer Abmahnung ausgesprochene Kündigung ist nur dann gerechtfertigt, wenn der Arbeitnehmer seine arbeitsvertragliche Pflicht wiederum in demselben oder einem gleichartigen Punkt verletzt hat, auf die sich die Abmahnung bezogen hat.

In der Abmahnung hat der Arbeitgeber das konkrete (falsche) Verhalten des Arbeitnehmers zu beanstanden (**Rügefunktion**) und diesen auf die drohenden arbeitsrechtlichen Folgen (Kündigung) hinzuweisen, für den Fall, dass dieser in der Zukunft sein Verhalten wiederholen wird (**Hinweisfunktion**).[99] Ein Hinweis auf allgemeine arbeitsrechtliche Folgen ist ausreichend.[100]

Enthält die vom Arbeitgeber vorgenommene Abmahnung einen dieser beiden Punkte nicht, ist sie unwirksam.

---

[99] BAG 7 AZR 75/78 = AP KSchG 1969 § 1 Verhaltensbedingte Kündigung Nr. 3
[100] BAG 2 AZR 258/11 = DB 2012, S. 2404 ff

Ordentliche Kündigung 3.2

Die ausgesprochene Abmahnung muss nicht mit Abmahnung überschrieben sein, da lediglich der Inhalt maßgebend ist. Für eine wirksame Abmahnung braucht der Arbeitnehmer vom Arbeitgeber nicht angehört zu werden, es sei denn eine tarifvertragliche oder betriebsinterne Vereinbarung schreibt dies vor.

Im Rahmen einer Abmahnung ist der **Betriebsrat nicht zu hören**. Die Abmahnung bedarf ferner keiner Schriftform, so dass eine mündliche Abmahnung durchaus möglich ist. Aus Gründen der Beweisbarkeit bietet sich in der Regel jedoch eine schriftliche Abmahnung an.

Das Gesetz bestimmt **keine Frist**, innerhalb derer ein bestimmter Vorgang abgemahnt werden muss.[101] Die Frist ist nach den Umständen des Einzelfalls zu bestimmen. Allerdings soll eine Abmahnung nach einhelliger Rechtsprechung nicht mehr nach Ablauf von sechs Monaten möglich sein bzw. wenn zwischen dem Vorfall und der beabsichtigten Abmahnung eine Beförderung des Arbeitnehmers erfolgt ist.

Unter Umständen kann eine Abmahnung komplett überflüssig sein. Die Rechtsprechung unterscheidet für die Erforderlichkeit der Abmahnung zwischen drei Bereichen von Vertragsverletzungen. Hier wird in den Leistungsbereich, den Vertrauensbereich und in das außerdienstliche Verhalten untergliedert.

Im Rahmen des **Leistungsbereiches** ist eine Abmahnung grundsätzlich erforderlich, es sei denn, es liegt ein derartig schwerwiegendes Verhalten vor, dass eine Abmahnung ausnahmsweise nicht erforderlich ist.[102]

Im Rahmen des **Vertrauensbereiches**, d.h. wenn der Arbeitnehmer z.B. im Betrieb einen Diebstahl begeht, ist grundsätzlich keine Abmahnung erforderlich. Eine Abmahnung kann aber ausnahmsweise erforderlich sein, wenn es sich nur um einen geringfügigen Verstoß handelt.[103]

Im Rahmen des – arbeitsvertraglich relevanten - **außerdienstlichen Verhaltens** hat grundsätzlich eine Abmahnung zu erfolgen.[104] Sogar außerdienstliche Straftaten sind relevant, wenn sie einen Bezug zur dienstlichen Tätigkeit haben.

Beispiel:

Abmahnungsrechtlich ist von Bedeutung, dass ein städtischer Straßenbauarbeiter privat wegen Körperverletzung und Zuhälterei vorbestraft ist.[105]

---

[101] BAG 5 AZR 137/94 = NZA 1995, S. 676 ff
[102] BAG 2 AZR 619/93 = NZA 1994, S. 656 ff
[103] BAG 2 AZR 541/09, Emmely
[104] BAG 7 AZR 264/79 = NJW 1982, S. 1062 ff
[105] BAG 2 AZR 293/09 = DB 2011, S. 307 ff

3 Beendigung des Arbeitsverhältnisses

Abbildung 3-8:   Abmahnung

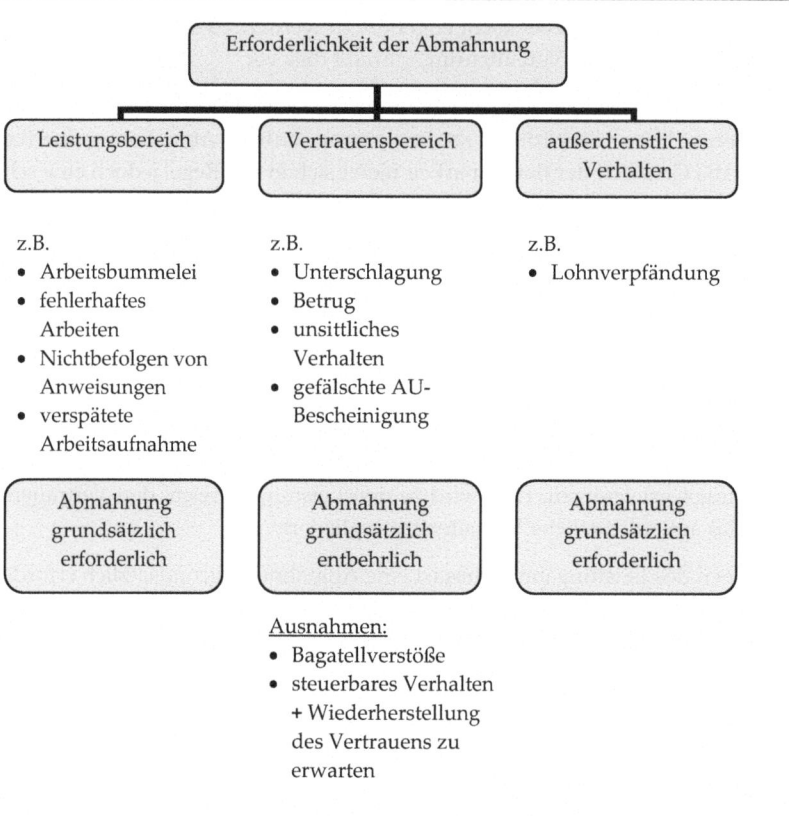

Diese Grundsätze gelten auch für die **Abmahnungen von Betriebsratsmitgliedern**, wenn diese einen Verstoß gegen ihre arbeitsvertraglichen Pflichten begehen.[106] Begeht ein Betriebsratsmitglied einen Verstoß gegen seine Pflichten aus dem Betriebsratsamt, kommt gemäß § 23 Abs. 1 BetrVG nur eine Amtsenthebung des Betriebsrates in Betracht.

---

[106] BAG 7 AZR 466/91 = NZA 1993, S. 220 ff

Abbildung 3-9: Abmahnung von Betriebsratsmitgliedern

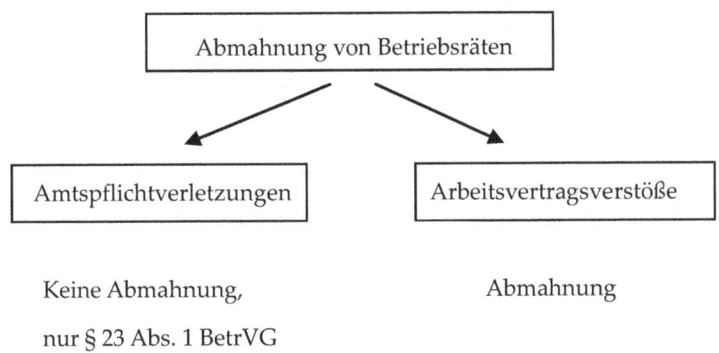

Wurde eine Abmahnung ausgesprochen, gelangt diese zur Personalakte, in der sie normalerweise zwei bis drei Jahre verbleibt. Die genaue Dauer hängt von den Umständen des Einzelfalls ab. Nach Ablauf dieser Frist ist die Abmahnung unwirksam und muss auf Verlangen des Arbeitnehmers aus der Personalakte entfernt werden. Neuerdings hat das BAG den Entfernungsanspruch dahingehend eingeschränkt, dass dieser nur dann besteht, wenn das gerügte Verhalten in jeder Hinsicht für das Arbeitsverhältnis unbedeutend wurde.[107]

Abbildung 3-10: Verwirkung der Abmahnung

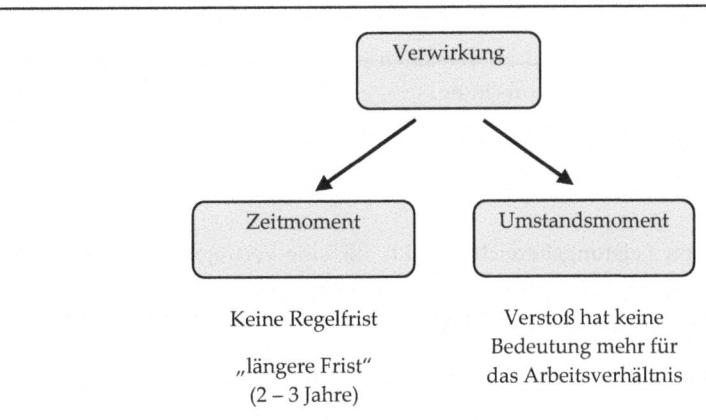

---

[107] BAG 2 AZR 782/11 = DB 2012, S. 2939 ff

Ist ein Arbeitnehmer mit einer Abmahnung nicht einverstanden, kann die Abmahnung **durch das Arbeitsgericht geprüft** werden, d.h. es kann auf Entfernung aus der Personalakte geklagt werden, oder im Rahmen eines Kündigungsschutzprozesses im Rahmen der Wirksamkeit der Kündigung.[108] Dort könnte eine eventuelle Kündigung unwirksam sein, da die dafür erforderliche vorhergehende Abmahnung unwirksam war.

Neben dem Verfahren beim Arbeitsgericht auf Entfernung der Abmahnung kann der Arbeitnehmer auf eine **Gegendarstellung**, die zur Personalakte zu nehmen ist, oder eine Beschwerde beim Arbeitgeber bzw. Betriebsrat erheben.

3.3 Außerordentliche Kündigung

Neben der ordentlichen Kündigung kann eine außerordentliche Kündigung in Betracht kommen. Im Gegensatz zur ordentlichen Kündigung kann bei der außerordentlichen Kündigung das Arbeitsverhältnis ohne Einhaltung einer Kündigungsfrist beendet werden.

Bei der außerordentlichen Kündigung kann der Arbeitsvertrag gemäß § 626 BGB von jeder Vertragspartei, d.h. also dem Arbeitnehmer oder Arbeitgeber aus wichtigem Grund ohne Einhaltung einer Kündigungsfrist gekündigt werden, wenn Tatsachen vorliegen, aufgrund derer dem Kündigenden unter Berücksichtigung aller Umstände des Einzelfalls und unter Abwägung der Interessen beider Vertragsteile die Fortsetzung des Dienstverhältnisses bis zum Ablauf der Kündigungsfrist oder bis zu der vereinbarten Beendigung des Verhältnisses nicht zugemutet werden kann.

Was unter einem wichtigen Grund zu verstehen ist, regelt das Gesetz nicht. Hierzu existiert zahlreiche Einzelfallrechtsprechung.

Bei der Frage, ob ein wichtiger Grund vorliegt, ist wiederum zwischen Störungen im Leistungsbereich, im Vertrauensbereich und im betrieblichen Bereich zu unterscheiden.

Liegt eine Störung im **Leistungsbereich** vor, d.h. die eine Vertragspartei verstößt gegen ihre arbeitsvertraglichen Pflichten, rechtfertigt dieses grundsätzlich eine außerordentliche (fristlose) Kündigung. Hierzu muss aber der Störende schuldhaft, d.h. vorsätzlich oder grob fahrlässig, die Störung herbeigeführt haben, es muss ein schwerwiegender oder wiederholter Verstoß vorliegen und es muss bei einem wiederholten Verstoß vorher eine Abmahnung erfolgt sein. Als derartige Störungen im Leistungsbereich kommen üblicherweise die Störung des Betriebsfriedens, die Weigerung, be-

---

[108] BAG 5 AZR 531/91 = NZA 1993, S. 838 ff

3.3 Außerordentliche Kündigung

stimmte Arbeitsschutzmaßnahmen zu treffen oder zu beachten oder Arbeiten durchzuführen, in Frage.

Liegt eine Störung im **Vertrauensbereich** vor, d.h. wenn eine Partei durch eine bestimmte Handlung oder Unterlassung schuldhaft das Vertrauen des Vertragspartners auf die künftige ordnungsgemäße Durchführung der Vertragspflichten verletzt hat, kommt ebenfalls eine außerordentliche Kündigung in Betracht. Hier sind beispielsweise Diebstähle oder andere Straftaten des Arbeitnehmers anzuführen. Folgende Beispiele aus der neueren Rechtsprechung sind hierzu ergangen:

- Reicht der Arbeitnehmer nach einem Streit mit seinem Chef eine Krankmeldung ein, lässt dies nicht automatisch auf eine vorgetäuschte Arbeitsunfähigkeit schließen.[109]
- Eine grobe Beleidigung von Kollegen kann eine Kündigung rechtfertigen.[110]
- Dagegen hat der Europäische Gerichtshof für Menschenrechte (EGMR) entschieden, dass eine fristlose Kündigung wegen Whistleblowing ein Verstoß gegen die Europäische Menschenrechtskonvention (EMRK) sein kann.[111]
- Eine außerordentliche Kündigung kommt ferner in Betracht, wenn ein Mitarbeiter private Dateien auf dem Firmen-Laptop speichert und die Speicherung unternehmensbezogener Daten auf der privaten Festplatte vornimmt.[112]
- Die fehlerhafte Angabe der geleisteten Arbeitszeit stellt regelmäßig einen schweren Vertrauensmissbrauch dar, jedoch ist eine Abmahnung nur im Ausnahmefall entbehrlich.[113]
- Auch kann das beharrliche Leugnen eines Pflichtverstoßes (sog. Nach-Tat-Verhalten) im Rahmen einer Anhörung vor Ausspruch der Kündigung im Rahmen der Interessenabwägung zu Lasten des Mitarbeiters berücksichtigt werden.[114]
- Das Vortäuschen der Aufgabenerfüllung im sicherheitsrelevanten Bereich kann ebenfalls zu einer Kündigung führen, jedoch ist im Regelfall die Einhaltung der Kündigungsfrist zumutbar.[115]
- Beharrliches Nachstellen (Stalking) in Bezug auf eine Kollegin reicht aus, wobei es auf die strafrechtliche Beurteilung des Verhaltens nicht ankommt, sondern auf die Störung des Betriebsfriedens.[116]

---

[109] LAG Rheinland-Pfalz 1 Sa 230/09
[110] LAG Schleswig-Holstein 3 Sa 224/09
[111] Europ. Gerichtshof für Menschenrechte 28274/08
[112] BAG 2 AZR 282/10 = DB 2011, S. 1865 ff
[113] BAG 2 AZR 381/10 = DB 2012, S. 240
[114] LAG Berlin-Brandenburg 2 Sa 20151/11 = DB 2012, S. 866 ff
[115] BAG 2 AZR 284/10 = DB 2011, S. 2724 ff
[116] BAG 2 AZR 258/11 = DB 2012, S. 2404 ff

Eine außerordentliche Kündigung kann auch wegen einer Störung im betrieblichen Bereich gerechtfertigt sein, dies aber nur, wenn das Verhalten des Arbeitnehmers im Betrieb zu einem schwerwiegenden wirtschaftlichen Schaden führt.

Gelegentlich ist es für den Arbeitgeber schwer, einen Kündigungssachverhalt zu beweisen. Aufgrund der derzeitigen Technik können Arbeitnehmer heute oft lückenlos überwacht werden. Wenn eine Videoüberwachung von öffentlich zugänglichen Arbeitsplätzen stattfindet, ist die Aufzeichnung im Prozess verwertbar. Voraussetzung ist jedoch, dass es bei Beginn der Aufzeichnung einen konkreten Verdacht gab und keine anderen Aufklärungsmittel zur Verfügung standen.[117]

Liegt eine Störung im Leistungsbereich oder im Vertrauensbereich vor, ist eine **umfassende Interessensabwägung** vorzunehmen, so dass sichergestellt ist, dass alle Besonderheiten des Einzelfalls berücksichtigt worden sind. Im Rahmen der Interessensabwägung sind folgende Faktoren zu berücksichtigen:

- Art und Schwere der Vertragsstörung,
- die Folgen der Störung,
- das Verschulden des Arbeitnehmers und
- die Dauer der Betriebszugehörigkeit bzw. die Dauer des ungestörten Vertragsablaufes.

Liegt eine große Störung vor, kann bereits ein einmaliger Vorfall genügen, um eine außerordentliche Kündigung, ohne vorherige Abmahnung, zu rechtfertigen. Darüber hinaus kommt eine außerordentliche Kündigung nur dann in Betracht, wenn für den Arbeitgeber keine milderen Mittel möglich sind, oder wenn diese sich als ungeeignet erwiesen haben.

Unbedingt zu beachten ist, dass eine außerordentliche Kündigung gemäß § 626 Abs. 2 BGB **innerhalb von zwei Wochen** nach dem Zeitpunkt zu erfolgen hat, in dem der Kündigungsberechtigte von den für die Kündigung maßgebenden Tatsachen Kenntnis erlangt hat. Allerdings kann das Recht zur außerordentlichen Kündigung durch Tarifverträge oder Einzelverträge beschränkt oder ausgeschlossen werden.

Gemäß § 140 BGB kann eine außerordentliche Kündigung, sollte diese unwirksam sein, **in eine ordentliche Kündigung umgedeutet** werden, wenn dies dem mutmaßlichen Willen des Kündigenden entspricht und dieser Wille dem Kündigungsempfänger im Zeitpunkt des Kündigungszuganges erkennbar war.[118] Eine ordentliche Kündigung kann dagegen nie in eine außerordentliche umgedeutet werden (kein „Weniger" in ein „Mehr").

---

[117] BAG 2 AZR 153/11 = DB 2012, S. 2227 ff
[118] BAG 2 AZR 310/00 = DB 2002, S. 1562 ff

3.3 Außerordentliche Kündigung

Abbildung 3-9: Außerordentliche Kündigung

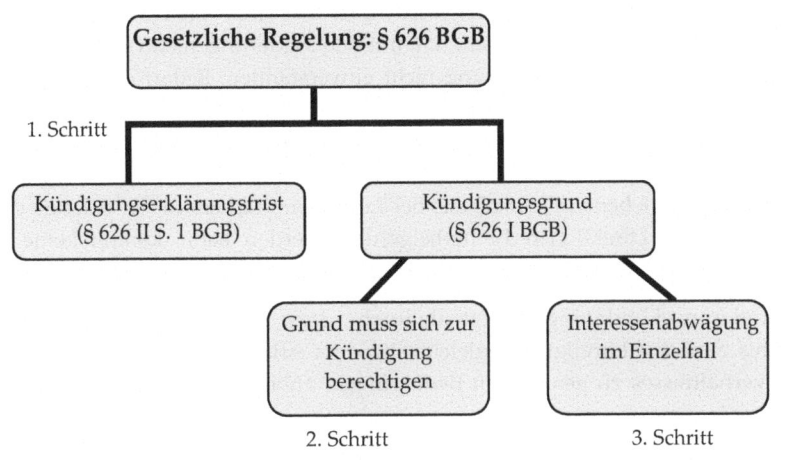

Abbildung 3-12: Umdeutung der außerordentlichen Kündigung

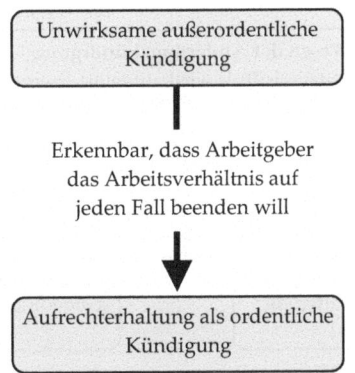

Im Rahmen eines arbeitsgerichtlichen Verfahrens haben die Arbeitsgerichte daher automatisch zu prüfen, ob aufgrund der vorgetragenen Tatsachen eine Umdeutung der außerordentlichen Kündigung in eine ordentliche Kündigung in Betracht kommt. Hier muss aber dann auch eine entsprechende **Betriebsratsanhörung** gemäß § 102 BetrVG stattgefunden haben.

3.4 Änderungskündigung

Soll das Arbeitsverhältnis angepasst werden, ist dies unproblematisch, wenn Arbeitnehmer und Arbeitgeber dazu bereit, d.h. mit den Änderungen einverstanden sind. Ist der Arbeitnehmer mit der Änderung nicht einverstanden, bedarf es der sog. Änderungskündigung durch den Arbeitgeber. Eine Änderungskündigung ist u.a. dann erforderlich, wenn der Arbeitgeber dem Arbeitnehmer neue Arbeitsbedingungen auferlegen möchte, die **sein Direktionsrecht überschreiten** (z.B. Änderung der vertraglich festgeschriebenen Heimatbasis bei Luftfahrtmitarbeitern[119]). Solange die Änderung mit dem Direktionsrecht herbeigeführt werden kann, kommt keine Änderungskündigung in Betracht (sog. überflüssige Änderungskündigung).[120]

Eine Änderungskündigung erfolgt dadurch, dass der Arbeitgeber das Arbeitsverhältnis zunächst kündigt und gleichzeitig dem Arbeitnehmer die Fortsetzung des Arbeitsverhältnisses zu geänderten Bedingungen anbietet. Damit besteht eine Änderungskündigung

- aus einer (normalen) Kündigung und
- einem neuen Vertragsangebot auf Abschluss eines neuen Arbeitsvertrages.

Abbildung 3-13: Änderungskündigung

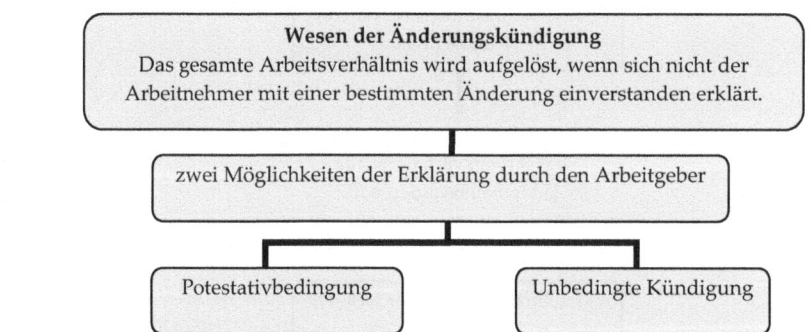

---

[119] BAG 10 AZR 311/11 = DB 2013, S. 350 ff
[120] BAG 2 AZR 102/11 = DB 2012, S. 1930 ff

3.4 Änderungskündigung

In der Änderungskündigung muss die Kündigungsabsicht des Arbeitgebers klar zum Ausdruck kommen, d.h. er muss deutlich machen, dass das Arbeitsverhältnis endet, wenn der Arbeitnehmer das neue Vertragsangebot nicht annimmt. Das **neue Vertragsangebot muss konkret sein** (vgl. § 145 BGB), d.h. die neuen Arbeitsbedingungen müssen so genau bezeichnet sein, dass der Arbeitnehmer das neue Vertragsangebot mit einer schlichten Zustimmung annehmen kann. Ist in einer Änderungskündigung das neue Vertragsangebot nicht enthalten, ist sie unwirksam.

In der Praxis existieren **zwei Varianten der Änderungskündigung**:

- In der einen Form spricht der Arbeitgeber die Kündigung aus und bietet gleichzeitig nach Ablauf der Kündigungsfrist einen neuen Arbeitsvertrag zu den geänderten Bedingungen an.

- Daneben besteht noch die Möglichkeit, dass der Arbeitgeber das Arbeitsverhältnis kündigt für den Fall, dass ein gleichzeitig angebotener neuer Arbeitsvertrag nicht angenommen wird.

Da die Änderungskündigung eine (normale) Kündigung enthält, sind die normalen **Kündigungsfristen** einzuhalten, es sei denn, die Änderungskündigung würde eine außerordentliche Kündigung enthalten, die in der Praxis aber hier sehr selten vorkommt. Würde eine außerordentliche Änderungskündigung vorliegen, müsste diese in entsprechender Anwendung des § 2 KSchG sozial gerechtfertigt sein.

Für die Änderungskündigung gilt ebenfalls das **Schriftformerfordernis** gemäß § 623 BGB, welches auch für das neue Vertragsangebot gilt.

Die Änderungskündigung kann auf betriebsbedingte, verhaltensbedingte und personenbedingte Gründe gestützt werden. In der Praxis überwiegen die betriebsbedingten Gründe.

Abbildung 3-14:   Die betriebsbedingte Änderungskündigung

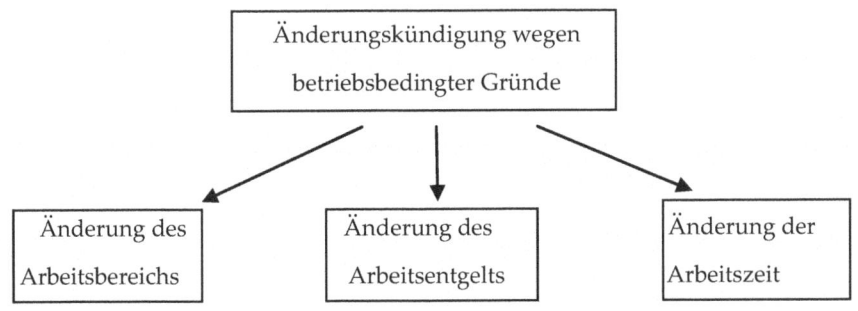

Folgende wesentliche Grundsätze hat das BAG hierzu herausgearbeitet:

- Der Arbeitgeber kann den Betriebsstandort frei wählen.[121]
- Eine Änderung des Arbeitsentgelts kommt insbesondere dann in Betracht, wenn andernfalls der gänzliche Wegfall des Arbeitsplatzes droht.[122]
- Eine Sozialauswahl ist vorzunehmen.[123]

Bei allen Arten der Änderungskündigung muss der Arbeitgeber den Gleichbehandlungsgrundsatz beachten.[124]

Da die Änderungskündigung als solche eine normale Kündigung darstellt, ist, wenn vorhanden, der **Betriebsrat** gemäß § 102 Abs. 1 BetrVG **anzuhören**, wobei dem Betriebsrat das Änderungsangebot, die Gründe für die Änderungskündigung und die Kündigungsfristen mitzuteilen sind. Wird der Betriebsrat nicht unter Angabe dieser Kriterien angehört, ist die Änderungskündigung nichtig. Zudem muss der Betriebsrat vor der Neueinstellung gemäß § 99 BetrVG **zustimmen**.

Abbildung 3-15:   Betriebsratsbeteiligung bei der Änderungskündigung

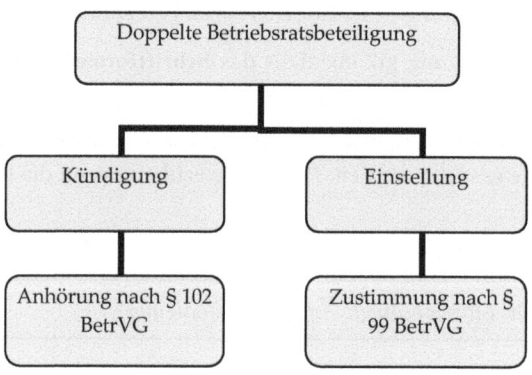

Bei Änderungskündigungen ist, da es sich um Kündigungen handelt, der Sonderkündigungsschutz zu beachten, so dass z.B. § 9 MuSchG, §§ 85 ff. SGB IX gelten. Ist eine ordentliche Kündigung durch Tarifvertrag oder Einzelvertrag ausgeschlossen, gilt dies selbstverständlich auch für eine Änderungskündigung.

---

[121] BAG NJW 2011, S. 251, 252
[122] BAG AP § 1 KSchG Nr. 1
[123] BAG NZA 2011, S. 460
[124] BAG AP § 2 KSchG Nr. 138

Nach einer Änderungskündigung kann der Arbeitnehmer gemäß § 2 KSchG das neue Vertragsangebot unter dem Vorbehalt annehmen, dass die Änderung der Arbeitsbedingungen nicht sozial ungerechtfertigt ist. Dann kann der Arbeitnehmer eine sog. **Änderungsschutzklage** erheben; verliert er aber den Kündigungsschutzprozess, hat er unter den neuen Bedingungen weiterzuarbeiten.

Abbildung 3-16: Reaktionsmöglichkeiten auf eine Änderungskündigung

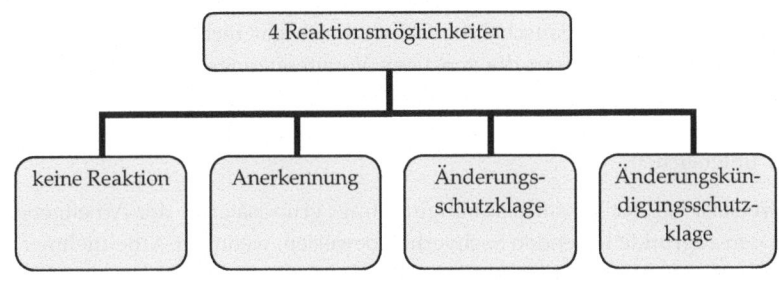

3.5 Verdachtskündigung

Eine Verdachtskündigung ist gegeben, wenn der Arbeitgeber seinem Arbeitnehmer das Arbeitsverhältnis aufgrund des Verdachts einer strafbaren Handlung (Straftat) kündigt und hierin zur Begründung aufführt, der diesbezügliche Verdacht habe das für die Fortsetzung des Arbeitsverhältnisses notwendige Vertrauen zerstört. Üblicherweise wird die Verdachtskündigung als außerordentliche Kündigung ausgesprochen.

Die Verdachtskündigung hat folgende **Voraussetzungen**:

- Der dringende Verdacht des Arbeitgebers muss sich auf objektive Tatsachen stützen lassen;[125] (Beispiel: positiver Drogenschnelltest auf Kokain bei einem Busfahrer).

- Der Verdacht führt zur Zerstörung des für die Fortsetzung des Arbeitsverhältnisses erforderlichen Vertrauensverhältnisses.[126]

---

[125] BAG 2 AZR 189/04 = NZA 2005, S. 1056 ff
[126] BAG 2 AZR 923/98 = NZA 2000, S. 421 ff

- Der Arbeitgeber muss alle Möglichkeiten zur Sachverhaltsaufklärung ausgeschöpft haben (insbesondere muss dem Arbeitnehmer die Gelegenheit zur Stellungnahme gegeben werden).[127]

In zeitlicher Hinsicht kann der Arbeitgeber das Ermittlungsergebnis der Staatsanwaltschaft bzw. des Strafgerichts abwarten. Hierzu ist dann im Kündigungsschutzprozess ein entsprechender Vortrag erforderlich.[128]

Da bei der Verdachtskündigung die Gefahr besteht, dass der Arbeitgeber den Arbeitnehmer zu Unrecht verdächtigt, muss der Arbeitgeber dem Arbeitnehmer vor Ausspruch der Kündigung Gelegenheit zur Stellungnahme geben. Bestreitet hier der Arbeitnehmer die Vorwürfe pauschal, oder äußert sich gar nicht, kann die Kündigung ausgesprochen werden, sofern die sonstigen Voraussetzungen der Kündigung gegeben sind. Führt dagegen der Arbeitnehmer konkret Fakten gegen den Verdacht an, muss der Arbeitgeber vor Ausspruch der Kündigung diese Fakten berücksichtigen und ggf. untersuchen.

Die **Beweislast** bei der Verdachtskündigung trägt grundsätzlich der Arbeitgeber, d.h. er muss den zugrunde liegenden Sachverhalt beweisen, wenn der Arbeitnehmer gegen die Verdachtskündigung Kündigungsschutzklage erhebt. Da es selbstverständlich Fälle gibt, in denen der Arbeitgeber nicht jedes strafbare Verhalten seines Arbeitnehmers beweisen kann, hat das Bundesarbeitsgericht eine Beweislasterleichterung entwickelt.

In der Praxis bzw. in Klausuren wird die Verdachtskündigung häufig hilfsweise für den Misserfolg einer Tatkündigung ausgesprochen. Dies bedeutet, dass der Betriebsrat zweifach (Tat- und Verdachtskündigung) nach § 102 Abs. 1 BetrVG angehört werden muss.

3.6 Auflösungsantrag

Gemäß § 9 KSchG kann eine Auflösung des Arbeitsverhältnisses durch Urteil des Arbeitsgerichts erfolgen, wenn dieses feststellt, dass das Arbeitsverhältnis durch die Kündigung zwar nicht aufgelöst ist, jedoch dem Arbeitnehmer die Fortsetzung des Arbeitsverhältnisses nicht zuzumuten ist. In diesem Fall hat das Gericht gleichzeitig den Arbeitgeber zur Zahlung einer angemessenen Abfindung zu verurteilen. Das Gericht kann ebenfalls das Arbeitsverhältnis, das durch eine Kündigung nicht aufzulösen ist, auf Antrag des Arbeitgebers auflösen, wenn Gründe vorliegen, die eine den Betriebszwecken dienliche weitere Zusammenarbeit zwischen Arbeitgeber und Arbeitnehmer nicht erwarten lassen.

---

[127] BAG 2 AZR 961/06 = NZA 2008, S. 809 ff
[128] BAG 2 AZR 700/11 = DB 2013, S. 641 ff

Die entsprechenden Auflösungsanträge können Arbeitgeber bzw. Arbeitnehmer noch bis zum Schluss der letzten mündlichen Verhandlung in der Berufungsinstanz stellen. Löst das Gericht das Arbeitsverhältnis durch Urteil auf, so ist die Auflösung des Arbeitsverhältnisses gemäß § 9 Abs. 2 KSchG zu dem Zeitpunkt festzustellen, an dem es bei einer sozial gerechtfertigten Kündigung beendet gewesen wäre. Dies gilt auch dann, wenn der Arbeitgeber die Kündigungsfrist nicht eingehalten hat und der Arbeitnehmer dies im Rechtsstreit nicht gerügt hat.[129]

3.7 Aufhebungsvertrag

Ein Arbeitsvertrag kann nicht nur einseitig gekündigt werden, sondern auch einvernehmlich aufgelöst werden, d.h. ohne dass eine Kündigung ausgesprochen wird. In diesem Falle schließen die Parteien einen Aufhebungsvertrag.

Üblicherweise erfolgt damit eine zeitnahe Beendigung des Arbeitsverhältnisses. Im Allgemeinen wird eine Abfindung vom Arbeitgeber an den Arbeitnehmer gezahlt. Der eventuell hinter dem Aufhebungsvertrag stehende Kündigungsgrund wird nicht Gegenstand des Aufhebungsvertrages, so dass dieser auch Dritten nicht bekannt wird. Beim Aufhebungsvertrag spielen Kündigungsfristen keine Rolle.

Allerdings geht, wenn sich beide Parteien auf den Abschluss eines Aufhebungsvertrages einigen, ein eventueller **Sonderkündigungsschutz** verloren, es verringern sich oft die Ansprüche aus einer betrieblichen Altersversorgung, es werden u.U. Anwartschaften, z.B. in der gesetzlichen Rentenversicherung nicht erreicht und das Arbeitsamt verhängt in der Regel eine **Sperrzeit** für die Gewährung von Arbeitslosengeld oder -hilfe.

Bei einem Arbeitsaufhebungsvertrag handelt es sich um einen normalen Vertrag, so dass dieser durch Angebot und Annahme, d.h. wenn sich die Vertragsparteien über die wesentlichen Vertragsmerkmale einigen, zustande kommt und sich dieser nach den allgemeinen Regeln der §§ 145 ff. BGB richtet. Wurde einem Arbeitnehmer ein Aufhebungsangebot vom Arbeitgeber zugeschickt, ist ihm gemäß § 147 Abs. 2 BGB eine angemessene Überlegungsfrist zu billigen, die sich nach den Umständen des Einzelfalls richtet, aber durchaus bis zu vier Wochen betragen kann.

Wenn der Arbeitnehmer mit einer Strafanzeige gegen den Arbeitgeber droht, um eine höhere Abfindung im Rahmen der Verhandlungen über einen Aufhebungsvertrag zu erzielen, so kann der Arbeitgeber das Arbeitsverhältnis außerordentlich kündigen.[130]

---

[129] BAG 2 AZR 694/11 = DB 2013, S. 239 ff
[130] LAG Schleswig-Holstein 3 Sa 196/11 = DB 2011, S. 2668

Muster: Aufhebungsvertrag

§ 1 Beendigung

Die Parteien sind sich darüber einig, dass das Arbeitsverhältnis, ohne Wahrung der dafür geltenden Kündigungsfrist, auf Veranlassung des Arbeitnehmers zum _____ sein Ende finden wird.

§ 2 Vergütung

Der Arbeitgeber verpflichtet sich, den Arbeitnehmer für die Zeit bis zur Beendigung des Arbeitsverhältnisses mit der vertraglich vereinbarten Vergütung zu bezahlen.

Der Arbeitnehmer erhält keine anteiligen Jahressonderzuwendungen.

§ 3 Urlaub

Der Arbeitnehmer hat noch _____ Tage Resturlaub. Dieser wird, sofern möglich, in natura eingebracht. Ansonsten erfolgt eine finanzielle Abgeltung.

§ 4 Abfindung

Wegen der Beendigung des Arbeitsverhältnisses wird keine Abfindung bezahlt.

§ 5 Zeugnis, Arbeitspapiere

1. Der Arbeitgeber verpflichtet sich, dem Arbeitnehmer ein Zeugnis zu erteilen entsprechend dem als Anlage beigefügten Entwurf, zunächst als vorläufiges Zeugnis binnen einer Woche nach Wirksamkeit dieses Vertrages, und als endgültiges Zeugnis bei Beendigung des Arbeitsverhältnisses.

2. Der Arbeitgeber verpflichtet sich, binnen einer Woche nach Beendigung des Arbeitsverhältnisses das endgültige Zeugnis sowie ordnungsgemäß ausgefüllt die Lohnsteuerkarte, das Versicherungsnachweisheft und die Arbeitsbescheinigung nach § 312 SGB III dem Arbeitnehmer mit Einschreiben zuzusenden.

§ 6 Herausgabe des Firmeneigentums

Der Arbeitnehmer verpflichtet sich, binnen einer Woche nach Wirksamwerden dieses Vertrages an den Arbeitgeber – zu Händen des Betriebsleiters –, innerhalb der üblichen Betriebszeiten, herauszugeben:

1. Sämtliche Schlüssel zu Gebäuden und Räumen des Betriebes.

2. Sämtliche aufgrund der Tätigkeit für den Betrieb entstandenen Unterlagen, Geschäftspapiere, Schreiben, Aufzeichnungen, Hard- und Software, Disketten, Daten usw. sowie sämtliche Vervielfältigungen der Unterlagen in Form von Kopien, Abschriften usw.
Der Arbeitnehmer verpflichtet sich, bei Übergabe eine schriftliche Erklärung darüber abzugeben, dass er keine weiteren Firmenunterlagen oder Vervielfältigungen davon in seinem Besitz hat.

3. Für den Fall, dass der Arbeitnehmer Firmeneigentum nicht, nicht vollständig oder beschädigt herausgibt, verpflichtet er sich zum Schadensersatz.

§ 7 Aufrechnung, Zurückbehaltung

Die Parteien sind sich darüber einig, dass gegenüber den wechselseitigen Ansprüchen aus dieser Vereinbarung die Aufrechnung und die Geltendmachung eines Zurückbehaltungs-rechtes ausgeschlossen sind.

§ 8 Ausgleichsklausel

Mit der Erfüllung dieser Vereinbarung sind sämtliche gegenseitigen Ansprüche aus dem Arbeitsverhältnis und seiner Beendigung, gleich aus welchem Rechtsgrund und ob bekannt oder unbekannt, erledigt. Hiervon nicht betroffen sind etwaige Verschwiegenheitsverstöße des Arbeitnehmers sowie deren finanzielle Folgen.

§ 9 Belehrung, Widerrufsrecht

Der Arbeitnehmer verzichtet auf die Belehrung über die arbeitsförderungsrechtlichen Folgen dieser Vereinbarung, wie Sperrzeit nach § 144 SGB III, sowie auf ein Recht zum Widerruf dieser Vereinbarung.

Für den Aufhebungsvertrag gilt wie für den Arbeitsvertrag gemäß §§ 623, 126 BGB das **Schriftformerfordernis**, so dass der Aufhebungsvertrag entweder von beiden Parteien auf einer Urkunde unterzeichnet sein muss, oder, wenn über den Aufhebungsvertrag mehrere gleich lautende Urkunden gefertigt werden, jede Partei die für die andere Seite bestimmte Urkunde unterzeichnen muss.

Geht ein Aufhebungsvertrag über mehrere Seiten, sind diese zu einer Urkunde zusammenzufassen. Es empfiehlt sich daher die Blätter körperlich miteinander mit einer Heftklammer, wie üblich, zu verbinden. Wird im Aufhebungsvertrag auf dort angefügte Anlagen Bezug genommen, ist Vorsicht geboten, da die bloße Bezugnahme im Zweifelsfall nicht reicht und den Aufhebungsvertrag unwirksam macht. Es empfiehlt sich auch hier, die Anlagen ebenfalls physisch mit dem Aufhebungsvertrag zu verbinden, d.h. anzuheften.

Gemäß § 125 S. 1 BGB ist ein Aufhebungsvertrag unter Verstoß gegen das Schriftformerfordernis unwirksam und damit nichtig. Eine Ausnahme kann nur dann gelten, wenn die Nichtigkeit gegen den Grundsatz von Treu und Glauben gemäß § 242 BGB verstoßen würde, d.h. insbesondere nach der Rechtsprechung, wenn beide Parteien vom Formmangel Kenntnis haben.

Gemäß § 102 BetrVG ist der **Betriebsrat** beim Abschluss von Aufhebungsverträgen nicht anzuhören, da diese Vorschrift nur eine Anhörung bei Kündigungen vorsieht.

Ein Aufhebungsvertrag kann **nicht rückwirkend** geschlossen werden.[131] Eine Ausnahme besteht hier nur, wenn das Arbeitsverhältnis bereits in der Vergangenheit außer Vollzug gesetzt war (z.B. wegen Krankheit).[132]

Im Hinblick auf die im Aufhebungsvertrag enthaltenen Regelungen besteht für den Arbeitgeber grundsätzlich keine **Aufklärungspflicht**. Da allerdings hier für den Arbeitnehmer auch negative Folgen enthalten sein können, könnten sich Aufklärungspflichten des Arbeitgebers aus § 242 BGB ergeben.

Ob sich solche Aufklärungspflichten ergeben, hängt u.a. davon ab, von wem die Initiative zum Abschluss des Aufhebungsvertrages ausgegangen ist. Allerdings bedeutet dies keine Ausdehnung von Aufklärungspflichten, da es nach der Rechtsprechung des Bundesarbeitsgerichtes grundsätzlich dem Arbeitnehmer selbst obliegt, sich über die

---

[131] LAG Düsseldorf BB 1961, S. 263 ff
[132] BAG 8 AZR 324/97 = NZA 1999, S. 422

Bedeutung der einzelnen Bestimmungen zu erkundigen. Eine Aufklärungspflicht des Arbeitgebers besteht nur bzgl. der Tatsache, dass der Abschluss des Aufhebungsvertrages zu einer Sperrzeit gemäß § 144 Abs. 3 SGB III führen kann, dies allerdings nur, wenn vom Arbeitgeber auch die Initiative zum Abschluss des Aufhebungsvertrages ausgegangen ist.

---

§ 144 Abs. 1 SGB III (Auszug)

„Hat der Arbeitnehmer sich versicherungswidrig verhalten, ohne dafür einen wichtigen Grund zu haben, ruht der Anspruch für die Dauer einer Sperrzeit. Versicherungswidriges Verhalten liegt vor, wenn

1. der Arbeitslose das Beschäftigungsverhältnis gelöst oder durch ein arbeitsvertragswidriges Verhalten Anlass für die Lösung des Beschäftigungsverhältnisses gegeben und dadurch vorsätzlich oder grob fahrlässig die Arbeitslosigkeit herbeigeführt hat (Sperrzeit bei Arbeitsaufgabe)."

Darüber hinaus besteht eine Aufklärungspflicht des Arbeitgebers dahingehend, dass drohende Versorgungsschäden möglich sind und dass sozialrechtliche Nachteile drohen. Bzgl. der Tatsache, dass ein Sonderkündigungsschutz verloren geht, soll der Arbeitgeber den Arbeitnehmer lediglich aufmerksam machen. Eine diesbezügliche Pflicht wird aber bislang – zumindest im Regelfall - nicht angenommen.[133]

Ein Aufhebungsvertrag kann, wie jeder Vertrag, wegen arglistiger Täuschung oder widerrechtlicher Drohung gemäß § 123 Abs. 1 S. 1 BGB angefochten werden. Hat sich der Arbeitnehmer lediglich über die sich aus dem Aufhebungsvertrag ergebenden Nachteile geirrt, ist ein derartiger Irrtum als sog. Motiv- bzw. Rechtsfolgenirrtum unbeachtlich und rechtfertigt keine Anfechtung. Gleiches gilt, wenn ein Arbeitnehmer den Aufhebungsvertrag unterschreibt, ohne diesen vorher durchzulesen. In einem solchen Fall ist eine Anfechtung wegen arglistiger Täuschung mangels Täuschung ausgeschlossen.

Eine **widerrechtliche Drohung**, z.B. durch den Hinweis auf eine ordentliche oder außerordentliche Kündigung, ist nach der Rechtsprechung nur dann anzunehmen, wenn ein verständiger Arbeitgeber eine ordentliche oder außerordentliche Kündigung nicht ernsthaft in Erwägung ziehen würde. Ansonsten liegt keine widerrechtliche Drohung vor.[134]

Wenn also im konkreten Fall eine Kündigung durchaus gerechtfertigt wäre, z.B. weil der Arbeitgeber schwerwiegende Verdachtsmomente wegen einer Straftat gegenüber dem Arbeitnehmer hegt, läge keine widerrechtliche Drohung vor, die später dazu führen würde, dass eine Anfechtung des Aufhebungsvertrages möglich wäre.

---

[133] BAG DB 1989, S. 2492 ff
[134] BAG 6 AZR 200/07 = NZA-RR 2008, S. 341 ff

Abbildung 3-17:   Anfechtung Aufhebungsvertrag

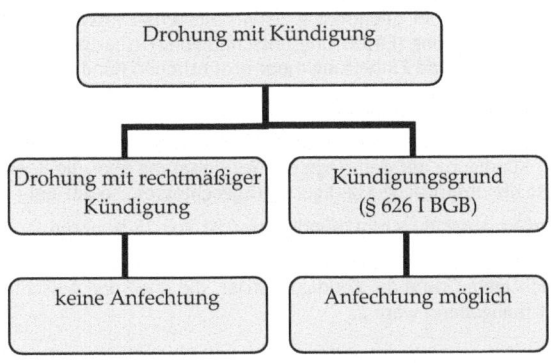

Ein Aufhebungsvertrag führt auf der sozialversicherungsrechtlichen Seite zu einer Sperrzeit von zwölf Wochen gemäß § 159 Abs. 1 S. 2 Nr. 2 SGB III, wenn der Arbeitnehmer nicht darlegen kann, einen wichtigen Grund für die Aufhebung des Arbeitsverhältnisses gehabt zu haben. Dies hat zur Folge, dass der Arbeitnehmer für die **Sperrzeit** kein Arbeitslosengeld erhält. Außerdem wird die Dauer für den Bezug des Arbeitslosengeldes um diese Zeit verkürzt. Bedeutet die Sperrzeit für den Arbeitnehmer eine besondere Härte, kann die Sperrzeit auf Antrag auf sechs Wochen verkürzt werden. Ein wichtiger Grund für den Abschluss eines Aufhebungsvertrages stellt regelmäßig sexuelle Belästigung durch den Arbeitgeber oder Mobbing dar. Gleiches gilt für die Herstellung der ehelichen Lebensgemeinschaft bei unzumutbarer Entfernung.[135]

Nach einer Verwaltungsanweisung der Bundesagentur für Arbeit führt ein Aufhebungsvertrag zu keiner Sperrfrist, wenn er zur Vermeidung einer betriebsbedingten Kündigung dient und eine Abfindung zwischen 0,25 und 0,5 Brutto-Monatsgehälter pro Beschäftigungsjahr gezahlt wird.[136] Bei gerichtlichen Vergleichen kann die Summe über- oder unterschritten werden, es sei denn es liegen Anhaltspunkt für Manipulation zu Lasten der Agentur für Arbeit vor.[137]

Gemäß § 158 SGB III wird bei Nichteinhaltung der ordentlichen Kündigungsfrist eine eventuelle **Abfindung auf das Arbeitslosengeld angerechnet**.

---

[135] BSG NZS 2004, S. 275 ff
[136] BSG NZA 2006, S. 359; BSG NZS 2012, S. 160
[137] BSG NZA-RR 2008, S. 383 ff

§ 158 SGB III
Ruhen des Anspruchs bei Entlassungsentschädigung

(1) Hat der Arbeitslose wegen der Beendigung des Arbeitsverhältnisses eine Abfindung, Entschädigung oder ähnliche Leistung (Entlassungsentschädigung) erhalten oder zu beanspruchen und ist das Arbeitsverhältnis ohne Einhaltung einer ordentlichen Kündigungsfrist beendet worden, so ruht der Anspruch auf Arbeitslosengeld von dem Ende des Arbeitsverhältnisses an bis zu dem Tage, an dem das Arbeitsverhältnis bei Einhaltung der Frist geendet hätte. Diese Frist beginnt mit der Kündigung, die der Beendigung des Arbeitsverhältnisses vorausgegangen ist, bei Fehlen einer solchen Kündigung mit dem Tage der Vereinbarung über die Beendigung des Arbeitsverhältnisses. Ist die ordentliche Kündigung ausgeschlossen, so gilt bei

1. zeitlich unbegrenztem Ausschluss eine Kündigungsfrist von 18 Monaten,

2. zeitlich unbegrenztem Ausschluss oder Vorliegen der Voraussetzungen für eine fristgebundene Kündigung aus wichtigem Grund die Kündigungsfrist, die ohne den Ausschluss der ordentlichen Kündigungsfrist maßgebend wäre ...

Seit dem 01.01.2005 existieren keine steuerlichen Freibeträge mehr für Abfindungen (§ 3 Ziff. 9 EStG a.F.). Vielmehr wird die Abfindung nach der sog. Fünftel-Regelung versteuert.

3.8 Abwicklungsvertrag

Der Abwicklungsvertrag ist von einem Aufhebungsvertrag dadurch zu unterscheiden, dass er nicht Grundlage für die Beendigung eines Arbeitsverhältnisses ist, sondern dass das Arbeitsverhältnis bereits beendet ist und nunmehr die Abwicklungsmodalitäten genauer geregelt werden. Ein Abwicklungsvertrag kann auch eine bereits erfolgte Kündigung nochmals bestätigen.

Bei Abschluss eines Abwicklungsvertrages wird in der Regel auch eine Abfindung gezahlt. Dieser wird oft auch im Rahmen eines gerichtlichen Vergleiches geschlossen.

In der Praxis ist also Basis für einen Abwicklungsvertrag zunächst eine arbeitgeberseitig erfolgte Kündigung, bei der es sich in der Regel um eine **betriebsbedingte Kündigung** handelt. Danach wird zwischen den Parteien ein Abwicklungsvertrag geschlossen.

Abbildung 3-18:   Abwicklungsvertrag

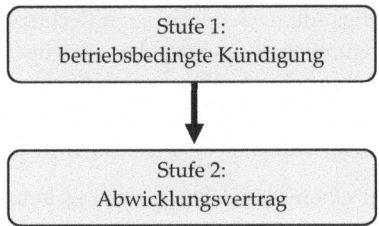

Muster: Abwicklungsvertrag

1. Beide Parteien sind sich darüber einig, dass das Arbeitsverhältnis aufgrund ordentlicher betriebsbedingter Arbeitgeberkündigung vom …… sein Ende zum ……… finden wird.

2. Der Arbeitgeber stellt den Arbeitnehmer ab sofort unter Fortzahlung der Bezüge unwiderruflich von der Arbeit frei. Der Arbeitnehmer ist berechtigt, während dieser Zeit eine anderweitige Tätigkeit aufzunehmen, sofern Geschäfts- und Betriebsgeheimnisse des Arbeitgebers gewahrt werden. Es besteht Einigkeit, dass damit der bestehende Urlaubsanspruch in natura eingebracht sowie etwaige Überstunden abgegolten wurden.

3. Zwischen den Parteien besteht Einigkeit, dass die Arbeitnehmerin im Kalenderjahr …… keine Ansprüche auf Sonderleistungen der Arbeitgeberin, z.B. Gratifikationen, hat.

4. Der Arbeitgeber zahlt an den Arbeitnehmer für den Verlust des Arbeitsplatzes und des damit verbundenen sozialen Besitzstandes in entsprechender Anwendung der §§ 9, 10 KSchG eine Abfindung von brutto ……. €.

5. Der Arbeitgeber erstellt dem Arbeitnehmer bis spätestens ……. ein wohlwollendes, qualifiziertes Arbeitszeugnis unter Berücksichtigung der Ausführungen gemäß dem bereits erteilten Zwischenzeugnis. Der Arbeitgeber verpflichtet sich, gegenüber Dritten keine dieser Vereinbarung widersprechenden Auskünfte zu erteilen. Deklaratorisch wird festgehalten, dass bei Verstoß die Verpflichtung des Arbeitgebers zu Schadensersatz besteht.

6. Der Arbeitnehmer verpflichtet sich, über alle ihr während ihrer Tätigkeit für den Arbeitgeber bekannt gewordenen internen Angelegenheiten, insbesondere über Geschäfts- und Betriebsgeheimnisse auch nach seinem Ausscheiden Stillschweigen zu bewahren.

7. Mit Erfüllung dieser Vereinbarung sind sämtliche Ansprüche aus dem Arbeitsverhältnis und dessen Beendigung, gleich aus welchem Rechtsgrund, gleich ob bekannt oder unbekannt, ausgeglichen.

8. Dem Arbeitnehmer sind die sozialversicherungsrechtlichen Folgen der Kündigung sowie dieses Abwicklungsvertrages bekannt. Diese wurden im Beisein ihres Rechtsanwaltes ausführlich besprochen.

Damit hat der Abwicklungsvertrag gegenüber dem Aufhebungsvertrag den **Vorteil**, dass die oft nicht erwünschten sozialrechtlichen Nebenfolgen, wie z.B. eine mögliche Sperrzeit, nicht greifen, da der Arbeitsvertrag ja bereits vorher durch eine Kündigung beendet worden ist. Allerdings soll nach der neueren Rechtsprechung des Bundessozialgerichtes auch die Verhängung einer Sperrzeit bei derartigen Fällen zulässig sein, da der Abwicklungsvertrag dann im Ergebnis einem Aufhebungsvertrag entspricht. Dies soll nach der Rechtsprechung des Bundessozialgerichtes insbesondere dann gelten, wenn es sich um einen außergerichtlichen Abwicklungsvertrag handelt.

Darüber hinaus besteht bei einem Abwicklungsvertrag **kein Schriftformerfordernis** gemäß § 623 BGB.

Ein Abwicklungsvertrag wird auch häufig im Rahmen eines schwebenden Kündigungsschutzverfahrens geschlossen, d.h. es erfolgte zunächst eine (meist) betriebsbedingte Kündigung durch den Arbeitgeber. Dagegen hat der Arbeitnehmer Kündigungsschutzklage erhoben. Nunmehr wird zwischen den Parteien ein Abwicklungsvertrag dergestalt geschlossen, dass der Arbeitgeber eine Abfindung zahlt. Sobald die Abfindung tatsächlich gezahlt wurde, nimmt der Arbeitnehmer seine Kündigungsschutzklage zurück.

Nach einer zwischenzeitlich ergangenen Entscheidung des Bundessozialgerichts ist der Abwicklungsvertrag dem Aufhebungsvertrag wirtschaftlich gleichzustellen, so dass hier auch eine Sperrfrist eintritt.[138] Eine Ausnahme wird nur bei gerichtlich geschlossenen Vergleichen, welche als Abwicklungsvertrag anzusehen sind, gemacht. Diese Rechtsprechung ist jedoch durch die oben beschriebene Verwaltungsanweisung zur Sperrzeit bei Aufhebungsverträgen entschärft.

3.9 Auflösende Bedingung

Ein Arbeitsvertrag kann auch unter einer sog. auflösenden Bedingung geschlossen werden, d.h. das Arbeitsverhältnis wird vom Eintreten bzw. Ausbleiben eines bestimmten Ereignisses abhängig gemacht. Ein auflösend bedingter Arbeitsvertrag ist nur dann wirksam, wenn damit der Kündigungsschutz nicht unterlaufen wird. Nach der Rechtsprechung muss daher ein sachlicher Grund für die auflösende Bedingung vorliegen.

---

[138] BSG B 11 AL 35 / 03 R = NZA 2004, S. 661 ff

3.10 Besonderer Kündigungsschutz

Für besondere Arbeitnehmergruppen, deren Interessen besonders schützenswert sind, besteht ein über den allgemeinen Kündigungsschutz hinausgehender besonderer Kündigungsschutz. Folgende Sonderkündigungsschutzvorschriften sind in der Praxis von Bedeutung:

Betriebsräte	§ 15 KSchG, § 103 BetrVG
Schwerbehinderte	§ 85 SGB IX
Schwangere	§ 9 MuSchG
Personen, die Pflegezeit in Anspruch nehmen	§ 5 PflegeZG

3.10.1 Betriebsräte

Es handelt sich hier zunächst um besonderen Kündigungsschutz für **Betriebsratsmitglieder**. Gemäß § 15 Abs. 1 KSchG ist eine ordentliche Kündigung gegen ein Betriebsratsmitglied oder ein anderes Organ der Betriebsverfassung ausgeschlossen, da sich diese oft in Spannungssituationen zwischen Arbeitgeber und Arbeitnehmer befinden. Gemäß § 15 Abs. 4, 5 KSchG kann lediglich im Fall der Betriebsstilllegung bzw. Betriebsteilstilllegung eine ordentliche Kündigung ausgesprochen werden, allerdings nur als letzten Arbeitnehmern („Der Betriebsrat löscht das Licht"). Bei der Stilllegung von Betriebsabteilungen hat der Betriebsrat zwar einen Anspruch auf Übernahme in eine andere Abteilung, jedoch hat er keinen Anspruch auf eine Weiterbeschäftigung auf einem höherwertigen Arbeitsplatz.[139]

Nach § 15 Abs. 1 KSchG i.V.m. § 103 BetrVG ist eine außerordentliche Kündigung gegen ein Betriebsratsmitglied möglich, dieses setzt allerdings vorher die Zustimmung des Betriebsrates voraus. Wird diese Zustimmung des Betriebsrates verweigert, kann sie gemäß § 103 Abs. 2 BetrVG durch das Arbeitsgericht ersetzt werden.

Ist ein Betriebsratsmitglied über Jahre hinweg krank, käme bei einem normalen Arbeitnehmer eine ordentliche personenbedingte Kündigung in Frage, die aber gemäß § 15 Abs. 1 KSchG wegen der Betriebsratsfunktion nicht möglich ist. Hier hat das Bundesarbeitsgericht eine außerordentliche Kündigung zugelassen, allerdings mit einer sozialen Auslauffrist, die der Länge der ordentlichen Kündigungsfrist entspricht.

Der Kündigungsschutz bei Betriebsratsmitgliedern beginnt mit Bekanntgabe des Wahlergebnisses und dauert bis ein Jahr nach Beendigung des Amtes an. Bei Mitglie-

---

[139] BAG 2 AZR 656/08 = DB 2010, S. 2621 ff

dern des Wahlvorstandes beginnt der Kündigungsschutz mit Bestellung zum Wahlvorstand und dauert bis sechs Monate nach Bekanntgabe des Wahlergebnisses. Bei Wahlbewerbern, die nicht zum Betriebsratsmitglied gewählt werden, gilt er von Einreichung der Wahlvorschläge bis sechs Monate nach Bekanntgabe des Wahlergebnisses. Bei Ersatzmitgliedern des Betriebsrates beginnt er mit dem Verhinderungsfall des ursprünglichen Mitgliedes und gilt bis ein Jahr nach Ende des Verhinderungsfalles. Der nachwirkende Kündigungsschutz gilt jedoch nur bei tatsächlicher und nicht nur fiktiver Wahrnehmung von Betriebsratsaufgaben.[140]

Abbildung 3-19: Kündigungsschutz von Betriebsratsmitgliedern

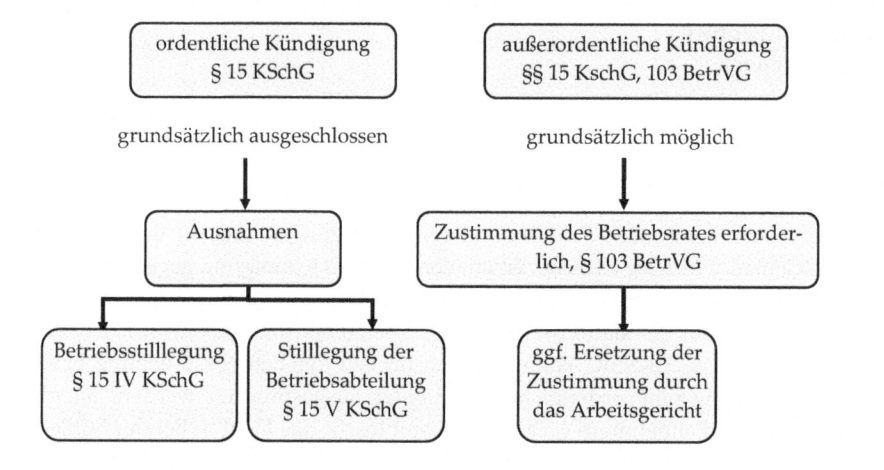

3.10.2 Schwerbehinderte

Für **schwerbehinderte Menschen und diesen Gleichgestellte** gilt ebenfalls ein Sonderkündigungsschutz (§ 2, 68 Abs. 1 SGB IX). Der Kündigungsschutz hängt jedoch von zwei Voraussetzungen ab.

---

[140] BAG 2 AZR 233/11 = DB 2012, S. 2755 ff

Abbildung 3-20: Voraussetzungen Kündigungsschutz für Schwerbehinderte

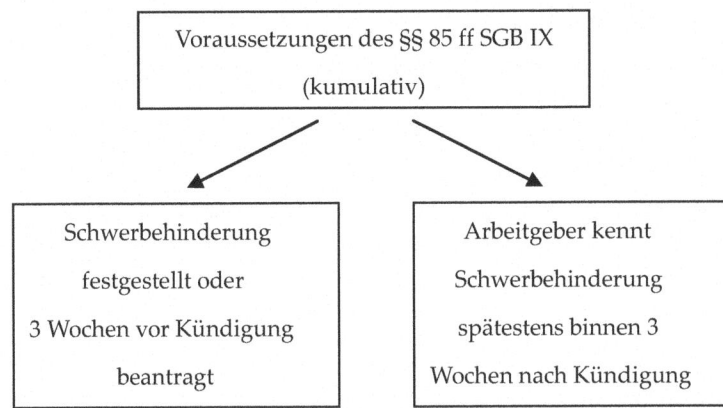

Dies ist nach der Rechtsprechung des BAG nur dann der Fall, wenn der Mitarbeiter bei der Einstellung die Frage nach der Schwerbehinderteneigenschaft nicht wahrheitswidrig verneint.[141] Allerdings hat dies die Rechtsprechung kürzlich dahingehend eingeschränkt, dass keine Verwirkung des Sonderkündigungsschutzes in Betracht kommt, wenn die Kündigungsschutzklage binnen 3 Wochen nach Zugang der Kündigung erhoben wird (§§ 4, 7 KSchG).[142]

Hinzu kommt, dass die Schwerbehinderung im Kündigungszeitpunkt festgestellt sein muss oder die Feststellung mindestens 3 Wochen vor dem Zugang der Kündigung beantragt wurde (§ 90 Abs. 2a SGB IX).

Im Falle einer Kündigung muss vorher gemäß § 85 SGB IX die Zustimmung des Integrationsamtes eingeholt werden. Hierzu muss der Arbeitgeber einen schriftlichen Antrag bei der außerordentlichen Kündigung innerhalb von zwei Wochen ab Kenntnis des außerordentlichen Kündigungsgrundes erstellen. Das Integrationsamt hat dann binnen zwei Wochen über den Antrag zu entscheiden. Im Falle einer ordentlichen Kündigung soll eine Entscheidung binnen eines Monats herbeigeführt werden. Das Integrationsamt hat seine Entscheidung an den Grundsätzen des § 89 SGB IX zu orientieren und zudem eine Stellungnahme des Betriebsrates einzuholen.

Stimmt das Integrationsamt der Kündigung zu, kann der Arbeitgeber binnen eines Monats nach Zugang der Entscheidung dem Arbeitnehmer mit einer ordentlichen Kündigung kündigen. Liegt eine Zustimmung zu einer außerordentlichen Kündigung

---

[141] BAG 6 AZR 553/10
[142] BAG 2 AZR 659/08 = DB 2011, S. 595 ff

vor, muss der Arbeitgeber unverzüglich die außerordentliche Kündigung aussprechen. Der Arbeitnehmer kann gegen die Entscheidung des Integrationsamtes, mit der die Zustimmung zur Kündigung erteilt wurde, zunächst Widerspruch und danach ggf. Klage vor dem Verwaltungsgericht erheben.

Verweigert das Integrationsamt die Zustimmung zur Kündigung, kann der Arbeitgeber gegen diese Entscheidung Widerspruch erheben und ggf. Klage vor dem Verwaltungsgericht einreichen. Ohne eine Zustimmung des Integrationsamtes ist eine Kündigung nicht möglich.[143]

Erteilt dagegen das Integrationsamt die Zustimmung, so gilt diese nur für den jeweiligen Betriebsinhaber und nicht für einen Rechtsnachfolger bzw. Betriebserwerber nach § 613 a BGB.[144]

3.10.3 Schwangere

Gemäß § 9 MuSchG sind **werdende Mütter** ebenfalls im Rahmen eines Sonderkündigungsrechts geschützt. Der Sonderkündigungsschutz besteht auch schon während der Probezeit und gilt auch im Verhältnis einer Leiharbeitsfirma und Leiharbeitnehmer.

Während der Schutzfrist sind sämtliche Kündigungen unwirksam, es sei denn, es besteht eine Ausnahme von dem Kündigungsverbot durch die oberste Landesbehörde. Diese wird in der Regel dann gemacht, wenn z.B. eine Schwangere gegenüber dem Arbeitgeber eine Straftat begeht.[145] Hier bedarf es einer zustimmenden Entscheidung der obersten Landesbehörde vor Ausspruch der Kündigung. Der Kündigungsschutz umfasst hier lediglich die arbeitgeberseitige Kündigung, eine Anfechtung des Arbeitsvertrages, ein Aufhebungsvertrag oder selbstverständlich eine Kündigung durch den schutzbedürftigen Arbeitnehmer ist durchaus möglich. Auch verhindert der Kündigungsschutz nicht, dass ein befristeter Arbeitsvertrag während der Schutzzeit ausläuft.[146] Eine Ausnahme gilt nur dann, wenn die Arbeitsverträge aller anderen befristet Beschäftigten bei einem Arbeitgeber verlängert werden, nur der der Schwangeren nicht.[147] Auch die Anfechtung des Arbeitsvertrags ist möglich.[148]

Der Sonderkündigungsschutz beginnt 280 Tage vor dem Tag der durch einen Arzt bescheinigten voraussichtlichen Entbindung.[149] Er gilt bis vier Monate nach der Geburt.

---

[143] BAG NZA 1994, S. 879 ff
[144] BAG 8 AZR 827/11 = DB 2013, S. 763 ff
[145] Auch Änderungskündigungen sind möglich; vgl. BAG AP § 615 BGB Kurzarbeit Nr. 3
[146] BAG NZA 1992, S. 925
[147] EuGH C 109/00 – Tele Danmark
[148] BAG NZA 1991, S. 719 ff
[149] BAG NZA 1980, S. 613 ff

Hat der Arbeitgeber im Zeitpunkt der Kündigung keine Kenntnis von der Schwangerschaft, muss die Arbeitnehmerin ihn binnen von zwei Wochen nach Kündigung hierüber unterrichten, wobei die 2-Wochen-Frist eine Ausschlussfrist ist.[150] Erfolgt die Unterrichtung des Arbeitgebers binnen dieser Frist nicht, kann sich die Arbeitnehmerin nicht mehr auf den Sonderkündigungsschutz berufen. Versäumt die Arbeitnehmerin unverschuldet die Frist, kann die Mitteilung nachgeholt werden, solange dies unverzüglich (§ 121 BGB) geschieht.

3.10.4 Arbeitnehmer in Pflegezeit

Wer nach dem PflegeZG Pflegezeit in Anspruch nimmt, dem darf nicht bzw. nur mit behördlicher Genehmigung gekündigt werden. Der Kündigungsschutz für Pflegezeit ist sogar noch strenger als der von schwerbehinderten Menschen. Während diesen erst nach einer sechsmonatigen Probezeit ein besonderer Kündigungsschutz zur Seite steht, greift der Pflegezeit-Kündigungsschutz schon vom ersten Tag an.

3.11 Sonderfälle des Kündigungsschutzes

3.11.1 Verstoß gegen die guten Sitten

Vereinzelt kann eine Kündigung gemäß § 138 Abs. 1 BGB wegen **Verstoßes gegen die guten Sitten** unwirksam sein. Dies entscheidet die Rechtsprechung immer anhand der Umstände des Einzelfalles. Ein solcher Fall liegt u.U. vor, wenn einem Arbeitnehmer, z.B. in der Probezeit mit der Begründung, er sei homosexuell, gekündigt wird.

3.11.2 Verstoß gegen Treu und Glauben

Daneben kann eine Kündigung auch gemäß § 242 BGB wegen **Verstoßes gegen den Grundsatz von Treu und Glauben** unwirksam sein. Auch hier gibt es lediglich Einzelfallrechtsprechung. Diese kommt insbesondere dann zum Tragen, wenn auf einen Betrieb das Kündigungsschutzgesetz wegen Nichterreichen der erforderlichen Arbeitnehmerzahl nicht anwendbar ist, der Arbeitnehmer aber dennoch im Rahmen der Kündigung einen eigentlich nach dem Kündigungsschutz schutzwürdigen Arbeitnehmer auswählt.

---

[150] BAG DB 1974, S. 2355

3.11.3 Kündigung bei Betriebsübergang

Gemäß § 613a Abs. 4 S. 1 BGB ist zwar **eine Kündigung wegen eines Betriebsüberganges** unwirksam, die Kündigung aus anderen, d.h. verhaltens- oder personenbedingten Gründen ist gemäß § 613a Abs. 4 S. 2 BGB aber möglich.

3.11.4 Kündigung in der Insolvenz

Gemäß § 113 InsO bestehen auch Sonderregelungen für **Kündigungen in der Insolvenz**. Die maximale Kündigungsfrist im Fall der Insolvenz beträgt demnach 3 Monate zum Monatsende, und zwar unabhängig von der vertraglichen Kündigungsfrist bzw. der nach § 622 BGB.

3.11.5 Kündigung bei Massenentlassungen

Bei Massenentlassungen sind zudem die Anforderungen des § 17 KSchG einzuhalten. Ein Verstoß gegen diese Vorschrift führt zur Unwirksamkeit der Kündigungen.

3.12 Altersgrenzen

Trotz Eintritt des Rentenbezuges tritt keine automatische Beendigung des Arbeitsverhältnisses ein. Deshalb werden in viele Arbeitsverträge Altersgrenzklauseln aufgenommen, deren rechtliche Beurteilung sich nach § 41 SGB VI richtet.

3.13 Arbeitszeugnis nach Beendigung des Arbeitsverhältnisses

Nach Beendigung des Arbeitsverhältnisses besteht ein Anspruch des Arbeitnehmers auf Erteilung eines Arbeitszeugnisses nach § 630 BGB bzw. § 109 GewO, entweder als einfaches Arbeitszeugnis gemäß § 630 S. 1 BGB oder als qualifiziertes Arbeitszeugnis gemäß § 630 S. 2 BGB. Das **einfache Arbeitszeugnis** enthält nur Angaben über die Tätigkeit und den Tätigkeitszeitraum, das qualifizierte Arbeitszeugnis darüber hinaus auch Ausführungen zur Leistung und der Führung des Arbeitnehmers.

Arbeitszeugnis nach Beendigung des Arbeitsverhältnisses

3.13

Ein ordnungsgemäßes Arbeitszeugnis, sei es ein einfaches oder qualifiziertes, muss bestimmten Anforderungen genügen. Hierbei ist zwischen formellen und materiellen Anforderungen zu unterscheiden:

Zu den **formellen Anforderungen** gehört, dass das Arbeitszeugnis auf dem üblichen Briefbogen der Firma erstellt werden muss, d.h. dass es nicht auf einem normalen weißen Papier niedergeschrieben werden kann, wenn die Firma normalerweise Firmenbriefbögen verwendet.[151] Der Firmenbriefbogen muss in einem einwandfreien Zustand sein[152], außerdem muss das Zeugnis auf den Tag der Beendigung des Arbeitsverhältnisses ausgestellt sein, auch wenn dieser ein Sonn- oder Feiertag ist. Ein Arbeitszeugnis hat vom Arbeitgeber oder einem Vorgesetzten des Arbeitnehmers unterschrieben zu sein.[153] Darüber hinaus besteht ein Anspruch des Arbeitnehmers auf ein von Rechtschreibfehlern freies Arbeitszeugnis, zumindest wenn diese sinnentstellend sind. Übertriebene Anforderungen an Zeugnisästhetik sind jedoch nicht zu stellen.

Abbildung 3-21: Arbeitszeugnis

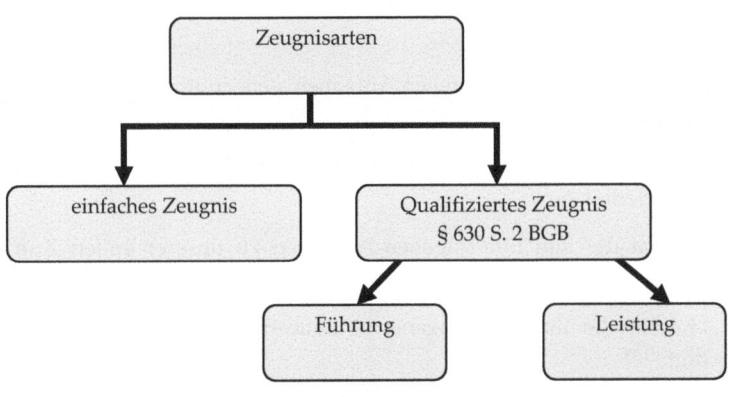

Bzgl. der **materiellen Voraussetzungen** besteht eine Wahrheitspflicht des Arbeitgebers, d.h. das Arbeitszeugnis muss wahrheitsgemäße Angaben enthalten, wobei die in einem qualifizierten Arbeitszeugnis enthaltene Wertung auch wohlwollend sein darf, um dem Arbeitnehmer das weitere berufliche Fortkommen nicht unnötig zu erschweren.[154] Der Arbeitgeber hat nur die Grenzen des Ermessens gemäß § 315 BGB einzu-

---

[151] BAG 5 AZR 182/92
[152] BAG AP § 630 BGB Nr. 20
[153] BAG 9 AZR 507/04
[154] BAG AP § 630 BGB Nr. 7; LAG Hamm NZA-RR 2003, S. 71

halten. Über eine entsprechende Formulierung entscheidet der Arbeitgeber alleine. Der Arbeitnehmer hat diesbezüglich keinen Anspruch auf eine bestimmte Formulierung. Das Arbeitszeugnis darf den Kündigungsgrund nicht enthalten, es sei denn der Arbeitnehmer wünscht dies. Das gleiche gilt für eine etwaige Betriebsratstätigkeit oder Angaben über das Privatleben des Arbeitnehmers.

Erteilt der Arbeitgeber dem Arbeitnehmer ein Arbeitszeugnis, mit dem er nicht einverstanden ist, kann der Arbeitnehmer beim Arbeitsgericht Klage auf Zeugnisberichtigung erheben. Der **Anspruch auf Zeugnisberichtigung** kann sich aus § 630 i.V.m. § 242 BGB ergeben. Bei unangemessenen Formulierungen kann der Arbeitnehmer u.U. gemäß § 286 BGB i.V.m. § 280 BGB einen Schadensersatzanspruch geltend machen, wenn ihm dadurch ein Schaden entstanden ist. Dieser Umstand ist allerdings vom Arbeitnehmer zu beweisen.[155]

Trägt der Arbeitnehmer vor, er habe bessere Leistungen erzielt, trägt er hierfür die **Beweislast**, wenn er eine bessere Note als Zeugnisnote „drei" begehrt. Möchte der Arbeitgeber dem Arbeitnehmer eine schlechtere Note als die Zeugnisnote „drei" vergeben, trägt er die Beweislast für eine schlechtere Arbeitsleistung des Arbeitnehmers.[156]

Folgende Formulierungen haben sich in der Praxis für die entsprechenden Zeugnisnoten durchgesetzt:

Note 1: „Er hat die ihm übertragenen Aufgaben stets zu unserer vollsten Zufriedenheit erledigt."[157]

Note 2: „Er hat die ihm übertragenen Aufgaben stets zu unserer vollen Zufriedenheit erledigt."

Note 3: „Er hat die ihm übertragenen Aufgaben zu unserer vollen Zufriedenheit erledigt."[158]

Note 4: „Er hat die ihm übertragenen Aufgaben zu unserer Zufriedenheit erledigt."[159]

Note 5: „Er hat die ihm übertragenen Aufgaben im Großen und Ganzen zu unserer Zufriedenheit erledigt."[160]

Note 6: „Er bemühte sich, die ihm übertragenen Aufgaben zufriedenstellend zu erledigen."[161]

---

[155] BAG 3 AZR 232/76
[156] BAG 9 AZR 12/03 = NZA 2004, S. 842
[157] LAG Düsseldorf LAGE § 630 BGB Nr. 2
[158] LAG Düsseldorf LAGE § 630 BGB Nr. 2
[159] LAG Bremen NZA-RR 2001, S. 287, 288
[160] LAG Hamm LAGE § 630 BGB Nr. 16
[161] BAG 9 AZR 12/03 = NZA 2004, S. 842

Der Arbeitnehmer hat nicht erst nach Beendigung des Arbeitsverhältnisses einen Anspruch auf ein Zeugnis, ihm ist vielmehr auch auf Wunsch ein **Zwischenzeugnis** zu erteilen, wenn er hierfür ein berechtigtes Interesse hat.[162] Ein berechtigtes Interesse an einem Zwischenzeugnis ist in der Regel anzunehmen, wenn

- der Arbeitgeber ihm eine Kündigung in Aussicht gestellt hat,
- er einen Arbeitsplatzwechsel anstrebt,
- eine Änderung in seinem Arbeitsbereich ansteht,
- ein Vorgesetzter wechselt[163],
- der Arbeitgeber einen Insolvenzantrag gestellt hat,
- er eine Fort- oder Weiterbildung anstrebt,
- eine längere Arbeitsunterbrechung wegen Elternzeit oder
- er ein Zwischenzeugnis für die Bewilligung eines Kreditantrages benötigt.

Ein Anspruch auf eine Schlussformel (Danksagung und gute Wünsche für die Zukunft des Arbeitnehmers) besteht nicht.[164]

3.14 Rückgabe von Geschäftsgegenständen und Rückzahlung von Ausbildungskosten

Scheidet der Arbeitnehmer aus dem Arbeitsverhältnis aus, steht ihm **kein Zurückbehaltungsrecht am Eigentum des Arbeitgebers** zu, selbst wenn z.B. noch Lohn offen steht. Gibt der Arbeitnehmer die Gegenstände nicht freiwillig heraus, kann der Arbeitgeber gerichtliche Hilfe in Anspruch nehmen, z.B. beim Arbeitsgericht eine einstweilige Verfügung auf Herausgabe der Gegenstände erwirken.

Der Arbeitgeber kann die **Rückzahlung von Ausbildungskosten** nur bei einer wirksamen Rückzahlungsklausel im Arbeitsvertrag verlangen. Eine Rückzahlungsklausel ist nur dann wirksam, wenn es sich um eine Ausbildung handelt, die eine angemessene Gegenleistung für eine Rückzahlungsverpflichtung darstellt und der Arbeitgeber ein berechtigtes Interesse an der Rückzahlung hat. Dies ist insbesondere bei hohen Schulungskosten oder bei einer erheblichen Freistellungsdauer der Fall, wenn die

---

[162] LAG Köln NZA-RR 2000, S. 419, 420
[163] BAG 6 AZR 176/97
[164] BAG 9 AZR 227/11 = DB 2013, S. 466 ff

Beendigung des Arbeitsverhältnisses

durch die Rückzahlungsklausel bezweckte Bindung an den Betrieb, im Hinblick auf die vom Arbeitgeber gezahlten Kosten die Dauer der Bindung verhältnismäßig war.[165]

Je größer der geldwerte Vorteil einer Ausbildung für den Arbeitnehmer ist, umso länger darf eine vertragliche Bindung an den Betrieb dauern:

• Bei einer Lehrgangsdauer von bis zu zwei Monaten geht die Rechtsprechung davon aus, dass im Regelfall höchstens eine einjährige Bindung an den Betrieb vereinbart werden darf.[166]

• Bei einer Lehrgangsdauer von drei bis vier Monaten soll eine Bindungsdauer von bis zu zwei Jahren möglich sein[167], bei einer Lehrgangsdauer von sechs Monaten bis zu einem Jahr – ohne Arbeitsverpflichtung – von bis zu drei Jahren[168], bei einer mehr als zweijährigen Dauer der Fortbildungsmaßnahme hat das Bundesarbeitsgericht eine Bindungsdauer von fünf Jahren für zulässig erachtet.[169]

Darüber hinaus soll allerdings eine Bindung nicht länger zulässig sein.

Die Rückzahlungsklausel muss transparent im Sinne von § 307 Abs. 1 S. 2 BGG sein. Dies bedeutet, dass die Art und die Berechnung der Fortbildungskosten durch den Arbeitgeber benannt werden müssen. Ein Verstoß hiergegen lässt zwar die Fortbildungsvereinbarung bestehen, nicht aber die Rückzahlungsvereinbarung. Auch ein Rückgriff auf §§ 812 ff BGB ist nicht möglich.[170]

---

[165] BAG DB 1990, S. 2222
[166] BAG 5 AZR 279/93 = NZA 1994, S. 835 ff
[167] BAG 6 AZR 452/04 = NZA 2006, S. 542 ff
[168] BAG 9 AZR 604/06 = NZA-RR 20008, S. 107
[169] BAG 6 AZR 452/04 = NZA 2006, S. 542 ff
[170] BAG 3 AZR 698/10 = DB 2012, S. 2294 ff

4 Besondere Arten von Arbeitsverhältnissen

4.1 Befristete Arbeitsverhältnisse

Befristete Arbeitsverhältnisse werden auf eine bestimmte Zeit geschlossen. Nach Zeitablauf enden sie automatisch, so dass es z.B. keiner Kündigung bedarf. Dies hat zum Vorteil, dass insbesondere das Kündigungsschutzgesetz keine Anwendung findet. Aus diesen Gründen sind befristete Arbeitsverhältnisse nur bei Vorliegen eines **sachlichen Grundes** nach § 14 Abs. 1 TzBfG möglich. Liegt **kein sachlicher Grund** vor, sind sie darüber hinaus nur unter weiteren engen Voraussetzungen gemäß § 14 Abs. 2 bzw. Abs. 3 TzBfG möglich.

Als sachliche Gründe für die Befristung eines Arbeitsverhältnisses gelten insbesondere

- der vorübergehende Bedarf des Arbeitgebers an Arbeitskräften,

- wenn die Befristung im Anschluss an ein Studium oder eine Ausbildung erfolgt (eine Zwischenbeschäftigung schadet[171]),

- wenn sie zur Vertretung anderer Arbeitnehmer erfolgt,

- wenn die Eigenart der Arbeitsleistung eine Befristung rechtfertigt,

- die Befristung zur Erprobung dient (eine erneute Befristung bei nicht ausreichender Erprobungszeit ist zulässig, wenn der Arbeitgeber dem Arbeitnehmer eine arbeitsbegleitende Unterstützung gewährt[172]),

- die Befristung aufgrund von Gründen, die in der Person des Arbeitnehmers liegen, erfolgt,

- wegen beschränkter finanzieller Mittel des Arbeitgebers, oder

- aufgrund eines gerichtlichen Vergleiches.

In Vertretungsfällen sind Kettenbefristungen möglich. Sie verstoßen nicht gegen EU-Recht, jedoch können nationale Gerichte die Befristungen auf ihre Rechtsmissbräuchlichkeit prüfen. Im Rahmen dieser Prüfung ist nicht nur die letzte Befristung, sondern

---

[171] BAG 7 AZR 368/10
[172] BAG 7 AZR 85/09 = DB 2010, S. 2809 ff

es sind alle Befristungen des jeweiligen Arbeitsverhältnisses zu sehen.[173] Gerichte sind nicht auf die Prüfung des geltend gemachten Befristungsgrundes beschränkt, sondern haben alle Umstände des Einzelfalles zu prüfen. Beurteilungsmaßstab ist der Rechtsmissbrauch (§ 242 BGB).[174]

Bei Dauervertretungen ist die Gesamtdauer und Anzahl der Befristungen als Beurteilungsmaßstab heranzuziehen.[175]

Abbildung 4-1: Befristung von Arbeitsverhältnissen

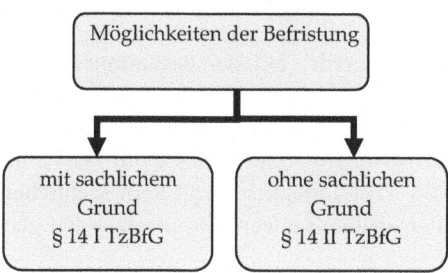

Nach § 14 Abs. 2 TzBfG kommt darüber hinaus eine Befristung in Betracht, wenn ein Arbeitnehmer, der zuvor nicht unbefristet beschäftigt war, bis zu einer Dauer von zwei Jahren, ohne Vorliegen eines sachlichen Grundes, befristet beschäftigt werden soll. Innerhalb dieser zwei Jahre darf es maximal drei Verlängerungen eines befristeten Arbeitsverhältnisses geben, das bedeutet, dass insgesamt vier Teilabschnitte innerhalb dieser zwei Jahre möglich sind. Voraussetzung ist, dass vorher kein Arbeitsverhältnis mit einer Befristung nach § 14 Abs. 1 TzBfG bestand. Nicht berücksichtigt werden jedoch Arbeitsverhältnisse, wenn zwischen den Befristungen ein Zeitraum von mehr als 3 Jahren liegt.[176]

Beispiel:
Eine Befristung nach § 14 Abs. 1 TzBfG endete zum 31.12.04. Demnach kann eine wirksame Befristung ohne sachlichen Grund nach § 14 Abs. 2 TzBfG frühestens zum 1.1.08 erfolgen.

---

[173] EuGH C-586/10, Bianca Kücük
[174] BAG 7 AZR 443/09 = DB 2012, S. 2813 ff
[175] BAG 7 AZR 783/10 = DB 2012, S. 2634 ff
[176] BAG 7 AZR 716/09 = DB 2011, S. 1811 ff

Während der Befristung dürfen die einzelnen Vertragsbedingungen bis auf die vorgenannte **Verlängerung** nur unter zwei Voraussetzungen geändert werden:

- die Änderungen, z.B. Gehaltserhöhung, sind bereits vorher vereinbart oder zugesagt worden oder

- der Anspruch ergibt sich unabhängig von der Vereinbarung, z.B. aufgrund es Gleichbehandlungsgrundsatzes.[177]

Wurde ein Arbeitsverhältnis **zu Unrecht befristet ausgestaltet**, ist dieses gemäß § 16 TzBfG als unbefristet zu beachten.

Ein befristetes Arbeitsverhältnis muss **schriftlich vereinbart** werden. Eine Unterzeichnung nur mit den Initialen reicht hierfür nicht aus.[178] Erfolgt die Vereinbarung unter Verstoß gegen das Schriftformerfordernis, gilt es als unbefristet.

Wurde ein befristetes Arbeitsverhältnis vereinbart, geht der Arbeitnehmer aber von der Unwirksamkeit der Befristung aus, kann er dies durch das zuständige Arbeitsgericht feststellen lassen, § 17 TzBfG. Die Klage muss spätestens drei Wochen nach dem Ende der vereinbarten (als unwirksam erachteten) Befristung erfolgen.

4.2 Teilzeitarbeit

Nach § 2 Abs. 1 TzBfG liegt Teilzeitarbeit vor, wenn die regelmäßige Wochenarbeitszeit des Arbeitnehmers kürzer ist, als die regelmäßige Wochenarbeitszeit vergleichbarer vollbeschäftigter Arbeitnehmer. Ist eine regelmäßige Wochenarbeitszeit nicht vereinbart, so ist die regelmäßige Arbeitszeit maßgeblich, die im Jahresdurchschnitt auf eine Woche fällt. Fehlt ein vergleichbarer Arbeitnehmer im Betrieb, wird ein vergleichbarer Vollzeitarbeitnehmer zunächst aufgrund des Tarifvertrages, in Ermangelung eines solchen nach der Üblichkeit im jeweiligen Wirtschaftszweig bestimmt.

Teilzeitarbeit ist möglich als Haupttätigkeit, als Nebentätigkeit neben dem Hauptarbeitsverhältnis, oder als Übergang in den Ruhestand, als sog. Altersteilzeit. Nach § 8 TzBfG hat der Arbeitnehmer unter bestimmten Voraussetzungen sogar einen Rechtsanspruch auf Verringerung seiner Arbeitszeit, d.h. auf Teilzeit.

Teilzeitarbeitnehmer, unter die auch **geringfügig Beschäftigte** nach § 2 Abs. 2 TzBfG fallen, dürfen nicht wegen der Geringfügigkeit diskriminiert werden. Dies bedeutet zum einen, dass sie hinsichtlich der Vergütung oder der Zahlung von Sonderleistungen, wie z.B. Weihnachts- oder Urlaubsgeld, gegenüber Vollzeitbeschäftigten

---

[177] BAG 7 AZR 12/06
[178] LAG Berlin-Brandenburg 6 Sa 2345/09

nicht ungleich behandelt werden dürfen. Dies bedeutet aber auch, dass z.B. Frauen nicht schlechter als Männer gestellt werden dürfen.

Nach § 8 TzBfG haben Arbeitnehmer unter bestimmten Voraussetzungen einen einklagbaren **Anspruch auf Teilzeitarbeit**. Dieser Anspruch ist dann gegeben, wenn das Arbeitsverhältnis länger als sechs Monate besteht, der Arbeitgeber in der Regel mehr als 15 Arbeitnehmer beschäftigt, die Reduzierung mind. drei Monate vor dem geplanten Beginn verlangt und dem Verlangen keine betrieblichen Gründe entgegen stehen.

Für die Durchsetzung des Teilzeitanspruchs benötigt der Arbeitnehmer der Zustimmung des Arbeitgebers, wobei der Arbeitgeber selbstverständlich den Teilzeitarbeitswunsch ablehnen kann. In diesem Fall bleibt dem Arbeitnehmer nur die Möglichkeit seinen Anspruch gerichtlich durchsetzen zu lassen. Entspricht der Arbeitgeber dem Antrag des Arbeitnehmers, wird die Arbeitszeit des Arbeitnehmers, wie beantragt reduziert. Gleichzeitig kommt selbstverständlich ein geänderter Arbeitsvertrag mit einem angepassten (verringerten) Lohn zustande. Zeigt der Arbeitgeber auf den Antrag des Arbeitnehmers bis zu einem Monat nach dem beantragten Beginn keine Reaktion, gilt die Zustimmung des Arbeitgebers als fingiert, d.h. das Teilzeitarbeitsverhältnis wird begründet.

Der Arbeitgeber kann auch die Zustimmung zur Teilarbeitszeit gemäß § 8 Abs. 4 S. 1 TzBfG aufgrund betrieblicher Gründe verweigern. Als betriebliche Gründe werden insbesondere die Beeinträchtigung der Organisation des Betriebs, die Beeinträchtigung des Betriebsarbeitsablaufes, die Beeinträchtigung der Sicherheit im Betrieb, unverhältnismäßig hohe Kosten, wenn der Arbeitgeber trotz ernsthaften Bemühungen keine geeignete Ersatzkraft findet, oder wenn ein zwischen den Parteien vereinbarter weiterer Ablehnungsgrund vorliegt, um den Besonderheiten der jeweiligen Branche Rechnung zu tragen, anerkannt.

4.3 Job-Sharing

Unter Job-Sharing ist Arbeitsplatzteilung zu verstehen, d.h. mehrere Arbeitnehmer verteilen ihre Arbeitszeit auf einen Arbeitsplatz. Hierfür ist nach § 13 Abs. 1 TzBfG eine arbeitsvertragliche Vereinbarung zwischen den einzelnen Arbeitnehmern und dem Arbeitgeber erforderlich. Eine gegenseitige Pflicht der einzelnen Arbeitnehmer zur Vertretung besteht nur dann, wenn sie entweder vereinbart, oder betrieblich notwendig und für die Arbeitnehmer zumutbar ist. Scheidet ein beteiligter Arbeitnehmer aus, ist dies für die anderen beteiligten Arbeitnehmer, für sich allein gesehen, kein Kündigungsgrund. Allerdings kann der Arbeitgeber eine Änderungskündigung aussprechen.

Abbildung 4-2: Job-Sharing

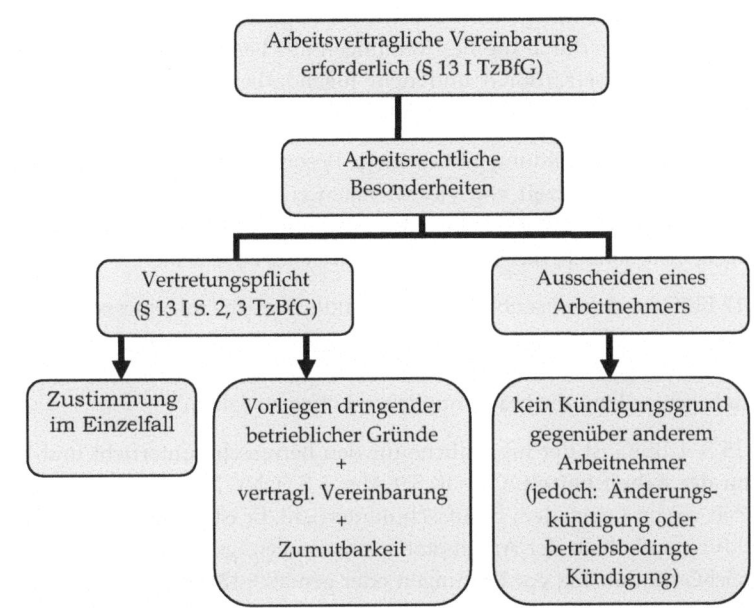

4.4 Abrufarbeit

Unter Abrufarbeit versteht man Arbeit nach Arbeitsanfall. Die Abrufarbeit ist in § 12 TzBfG geregelt, wobei die Vereinbarung über Abrufarbeit eine bestimmte Dauer der täglichen bzw. wöchentlichen Arbeitszeit enthalten muss. Ist eine derartige Regelung nicht getroffen, ist von einer wöchentlichen Arbeitszeit von zehn Stunden auszugehen, wobei mindestens drei Stunden zusammenhängend zu erbringen sind.

Gemäß § 12 Abs. 2 TzBfG ist ein Arbeitnehmer zur Arbeitsleistung nur dann verpflichtet, wenn der Arbeitgeber ihm die Lage seiner Arbeitszeit, d.h. den konkreten Anfall seiner Arbeitszeit mindestens vier Tage im Voraus mitteilt.

4.5 Ausbildungsverhältnis

Für Ausbildungsverhältnisse gelten zunächst die allgemeinen arbeitsrechtlichen Vorschriften, die allerdings durch die Bestimmungen aus besonderen Gesetzen, wie z.B. dem Berufsbildungsgesetz (BBiG) und dem Jugendarbeitsschutzgesetz, (JArbSchG) ergänzt werden.

Im Rahmen der Berufsausbildung gibt es einige Besonderheiten. So ist gemäß § 20 S. 2 BBiG eine maximale **Probezeit** von vier Monaten zulässig. Selbst wenn eine Kündigung innerhalb der Probezeit erfolgen soll, sind alle Anforderungen wie bei normalen Kündigungen, insbesondere das Schriftformerfordernis, zu beachten.

Gemäß § 17 BBiG ist dem auszubildenden Jugendlichen eine angemessene **Vergütung** zu zahlen wenn keine Tarifverträge bestehen. Bei der Angemessenheit der Vergütung sind die Empfehlungen der Industrie- und Handelskammer (IHK) oder Handwerkskammer zu beachten bzw. die brachenüblichen Löhne zu zahlen.

Gemäß § 15 S. 1 BBiG ist der Jugendliche für den Berufsschulunterricht und für Prüfungen **von der Arbeit befreit**. Gemäß § 9 Abs. 1 S. 1 Nr. 2 JArbSchG gehört hierzu auch die Zeit vor und nach dem Berufsschulunterricht. Er ist gemäß § 15 S. 2 BBiG für die Ausbildung außerhalb der Arbeitsstätte freizustellen, genauso gemäß § 10 Abs. 1 Nr. 2 JArbSchG für den Tag vor Prüfungen oder gemäß § 12 Abs. 1 S. 1 Nr. 2 BBiG im Fall persönlicher Verhinderung bzw. gemäß § 12 Abs. 1 S. 2 BBiG im Falle der Krankheit oder § 19 JArbSchG für seinen Urlaub.

Das Ausbildungsverhältnis kann nach Ablauf der Probezeit **nicht mehr ordentlich gekündigt** werden. Gemäß § 22 Abs. 2 Nr. 1 BBiG bleibt nur eine außerordentliche Kündigung für den Arbeitgeber. Der Auszubildende selbst kann nach der Probezeit das Ausbildungsverhältnis selbstverständlich ordentlich und außerordentlich kündigen, wobei die ordentliche Kündigung § 22 Abs. 2 Nr. 2 BBiG nur möglich ist, wenn er den Ausbildungsberuf wechseln oder die Ausbildung aufgeben möchte. Ist das Ausbildungsverhältnis beendet, besteht für den Arbeitgeber keine Pflicht zur Übernahme in ein normales Arbeitsverhältnis, es sei denn, der einschlägige Tarifvertrag sieht die Übernahme des Auszubildenden vor. Eine Übernahmepflicht besteht auch, wenn der Jugendliche Mitglied des Betriebsrates oder der Jugend- und Auszubildendenvertretung ist. In diesem Fall kann er in den letzten drei Monaten des Ausbildungsverhältnisses gemäß § 78a BetrVG verlangen, dass er nach Abschluss der Ausbildung in ein unbefristetes Arbeitsverhältnis übernommen wird. Der Arbeitgeber kann die Übernahme nur dann ablehnen, wenn ihm die Weiterbeschäftigung nicht zugemutet werden kann. Ggf. muss der Arbeitgeber dann das Arbeitsgericht anrufen.

Wird der Jugendliche im Anschluss an die Ausbildung weiterbeschäftigt, ohne dass ein neuer Arbeitsvertrag geschlossen wird, so wird nach § 24 BBiG der Abschluss eines unbefristeten Arbeitsvertrages fingiert.

4.6 Aushilfsarbeit

Ein Aushilfsarbeitsverhältnis wird geschaffen, um einen vorrübergehenden Arbeitskräftebedarf abzudecken, der z.B. durch einen vermehrten Arbeitsanfall, oder dem Ausfall von anderen Arbeitnehmern, entstanden ist.

Die Aushilfsarbeit kann mit einem befristeten Arbeitsverhältnis vereinbart werden. In einem solchen Falle ist ein befristetes Arbeitsverhältnis gemäß § 14 Abs. 1 S. 2 Nr. 1 TzBfG möglich, da Aushilfsarbeit den sachlichen Grund für die Befristung darstellt. Die Aushilfsarbeit kann auch in einem unbefristeten Arbeitsverhältnis erfolgen, wobei gemäß § 622 Abs. 5 Nr. 1 BGB einzelvertraglich für die ersten drei Monate des Arbeitsverhältnisses eine kürzere als die normale in § 622 Abs. 1 BGB genannte Kündigungsfrist vereinbart werden kann.

4.7 Zeitarbeitsvertrag

Bei der Zeitarbeit handelt es sich um eine Arbeitnehmerüberlassung, die im Arbeitnehmerüberlassungsgesetz (AÜG) näher geregelt ist. Im Rahmen der Zeitarbeit überlässt die Zeitarbeitsfirma mit einem Arbeitnehmerüberlassungsvertrag einen Leiharbeitnehmer an den Entleiherbetrieb. Der Leiharbeitnehmer erbringt im Entleiherbetrieb die Arbeitsleistung. Ein Arbeitsvertrag besteht allerdings lediglich zwischen Zeitarbeitsfirma und Leiharbeitnehmer.

Abbildung 4-3: Zeitarbeitsvertrag

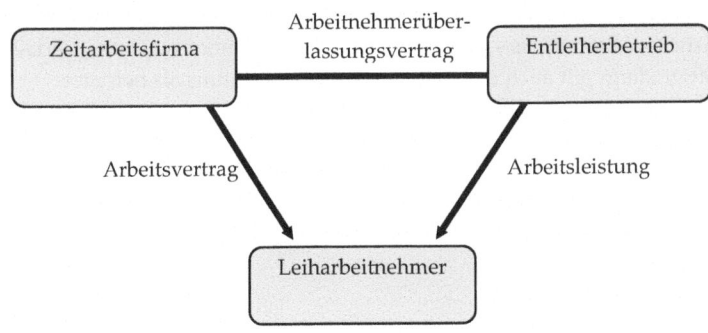

Gemäß § 1 AÜG ist für die gewerbsmäßige Überlassung von Arbeitnehmern die **Erlaubnis der Agentur für Arbeit** erforderlich, damit die Zuverlässigkeit des Verleihers überprüft werden kann, und die arbeitsrechtlichen Ansprüche des Leiharbeitnehmers nicht gefährdet werden. Gemäß § 1a AÜG besteht eine Ausnahme von der Überlassungspflicht im Falle der sog. Kollegenhilfe.

Damit die Arbeitnehmerüberlassung wirksam ist, muss vor Beginn der Überlassung gemäß § 9 Nr. 1 AÜG eine wirksame Arbeitsüberlassungserlaubnis der Agentur für Arbeit vorliegen. Der Leiharbeiter darf, wenn keine Tarifverträge vorliegen, hinsichtlich seiner arbeitsrechtlichen Ansprüche gemäß § 9 Nr. 2 AÜG nicht schlechter behandelt werden als vergleichbare andere Arbeitnehmer des Entleihers (**equal-pay-Grundsatz**). Dies hat in der Praxis dazu geführt, dass viele Zeitarbeitsfirmen sind in Arbeitgeberverbände mit für den Arbeitnehmer schlechten Tarifverträgen begeben haben. Die Rechtsprechung ist diese Problematik (teilweise) dadurch angegangen, dass die Tariffähigkeit der Gewerkschaften bzw. Arbeitgeberverbände verneint wurde.[179]

Auf den Anspruch auf Lohnnachzahlung wegen Verletzung des equal-pay-Grundsatzes finden die Ausschlussfristen der Zeitarbeitsfirma Anwendung.[180] Die Ausschlussfrist beginnt mit der Bekanntgabe der Entscheidung der fehlenden Tariffähigkeit.[181]

Verleiher und Entleiher dürfen nicht, gemäß § 9 Nr. 3 AÜG, vereinbaren, dass der Entleiher den Leiharbeitnehmer nach dem Ende der Entleihung fest anstellen darf, da die Berufsfreiheit des Leiharbeitnehmers gesichert werden soll. Gemäß § 9 Nr. 4 AÜG dürfen Verleiher und Leiharbeitnehmer nicht vereinbaren, dass dem Leiharbeitnehmer untersagt ist, nach dem Ende seines Arbeitsverhältnisses mit dem Verleiher ein Arbeitsverhältnis mit dem Entleiher einzugehen.

Ist ein Vertrag zwischen Verleiher und Entleiher wegen § 9 Nr. 1 AÜG unwirksam, gilt das Arbeitsverhältnis mit dem Entleiher gemäß § 10 Abs. 1 AÜG als zustande gekommen. Grundsätzlich handelt es sich bei diesem Arbeitsverhältnis dann um ein unbefristetes Arbeitsverhältnis, es sei denn der Leiharbeitnehmer war beim Verleiher befristet beschäftigt, dann gilt auch das fingierte Arbeitsverhältnis als befristet.

---

[179] BAG 1 ABR 19/10 (zur Tarifgemeinschaft Christlicher Gewerkschaften CGZP)
[180] BAG 5 AZR 7/10
[181] LAG Düsseldorf 11 Sa 852/11 = DB 2012, S. 921

5 Betriebsübergang, Umstrukturierung und Insolvenz

5.1 Betriebsübergang

5.1.1 Hintergrund des § 613a BGB

Oft besteht ein Unternehmen aus mehreren Teilbetrieben. In diesem Fall hat der Unternehmer die Möglichkeit, nicht seinen gesamten Betrieb, sondern nur einen Teilbetrieb zu veräußern. Fraglich ist dann, was mit den dort beschäftigten Arbeitnehmern geschieht. Hierfür wurde § 613a BGB als Schutzschrift für die betroffenen Arbeitnehmer geschaffen. § 613a BGB enthält **drei Schutzzwecke** in einer Norm:

• Wird der Betrieb veräußert, ändert sich zwar der Arbeitgeber, dem Arbeitnehmer soll aber trotzdem sein Arbeitsplatz erhalten bleiben. Insofern besteht Kündigungsschutz. In diesem Fall geht das Arbeitsverhältnis zwischen dem Arbeitnehmer und dem ehemaligen Betriebsinhaber grundsätzlich auf den neuen Betriebsinhaber (den Übernehmer) über. Dies gilt allerdings nicht, wenn der Arbeitnehmer mit dem Übergang seines Arbeitsverhältnisses nicht einverstanden ist und deshalb gemäß § 613a Abs. 6 BGB dem Übergang widerspricht.

• Daneben schützt § 613a BGB die Kontinuität des Betriebsrates und die Erhaltung der kollektivrechtlich geregelten Arbeitsbedingungen.

• Außerdem regelt § 613a BGB die Verteilung der Haftungsrisiken zwischen dem alten und dem neuen Betriebsinhaber.

Betriebsübergang, Umstrukturierung und Insolvenz

Abbildung 5-1:   Schutzzwecke des § 613a BGB

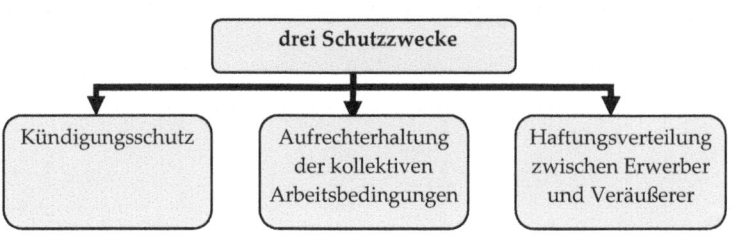

§ 613a BGB gilt auch bei einem **Betriebsübergang ins Ausland**.[182] Nachdem der Betrieb jedoch ins Ausland verlagert wurde, ist im Regelfall das ausländische Arbeitsrecht anwendbar.

5.1.2 Voraussetzungen des § 613a BGB

Die Vorschrift hat drei Tatbestandsmerkmale:

Abbildung 5-2:   Tatbestandsmerkmale des § 613a BGB

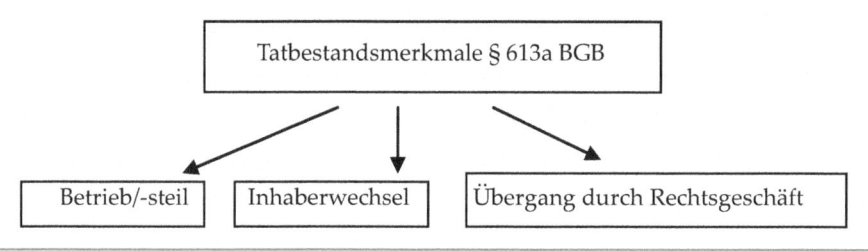

Damit die Schutzvorschrift des § 613a BGB greift, muss der Betrieb oder ein Betriebsteil übergehen. Es muss ein **Übergang** auf einen anderen Betriebsinhaber stattfinden und der Übergang muss durch Rechtsgeschäft erfolgen. Ein Betriebsübergang liegt dann vor, wenn der Erwerber die Organisations- und Leitungsmacht des Betriebes übernimmt, wobei unter Betrieb eine organisatorische Einheit, in der Person mit Hilfe persönlicher, sachlicher oder immaterieller Mittel bestimmte arbeitstechnische Zwecke

---

[182] BAG 8 AZR 37/10 = DB 2011, S. 2323 ff

5.1 Betriebsübergang

fortgesetzt zu verfolgen, zu verstehen ist.[183] Im Rahmen des Betriebsübergangs müssen die wesentlichen, sachlichen und immateriellen Betriebsmittel übergehen, wobei eine Eigentumsübertragung nicht erforderlich ist. Dabei muss der Betrieb im Wesentlichen unverändert fortgeführt werden. Ist dies nicht der Fall, liegt in der Regel kein Betriebsübergang vor.

Problematisch ist hierbei in der Regel die Frage, wann die Organisations- und Leitungsmacht übergeht. Dieser Übergang liegt noch nicht vor, wenn eine bloße Neuvergabe eines Auftrags an ein anderes Dienstleistungsunternehmen für sich erfolgt, es ist vielmehr eine Gesamtbetrachtung aller Umstände des Einzelfalles notwendig. Es kann allerdings ausreichen, wenn ein einzelnes Arbeitsgebiet als solches übergeht.[184]

Folgende Kriterien sind nach dem sog. **Ayse-Süzen-Urteil des EuGH** für die Beurteilung der Frage, ob die Organisations- und Leitungsmacht übergegangen ist, beachtlich[185]:

- Art des betreffenden Unternehmens oder Betriebes;
- Übergang bzw. Nichtübergang der materiellen Aktiva;
- Wert der immateriellen Aktiva zum Zeitpunkt des Übergangs;
- Übernahme bzw. Nichtübernahme der Hauptbelegschaft durch den neuen Inhaber;
- Übergang bzw. Nichtübergang der Kundschaft;
- Grad der Ähnlichkeit der vor und der nach dem Übergang verrichteten Tätigkeit;
- Dauer einer eventuellen Unterbrechung dieser Tätigkeit.

Liegt eine Mehrzahl dieser Kriterien vor, kann von einem Betriebsübergang gesprochen werden, wobei es alleine auf die Übertragung von Aufgaben auf den neuen Betriebsinhaber nicht mehr ankommt, so dass ein Betriebsübergang auch dann vorliegen kann, wenn eine Übernahme eines wesentlichen Teils der Belegschaft oder Betriebsmittel stattgefunden hat.

Je geringer der Qualifikationsgrad der Beschäftigten ist, umso mehr Beschäftigte müssen übernommen werden, damit insgesamt ein Betriebsübergang vorliegt.[186] Bei einfachen Tätigkeiten wird dies vom BAG erst dann angenommen, wenn ca. 80 % der Belegschaft übergehen.[187] In einer anderen Entscheidung hat das Gericht nochmals klargestellt, dass 60 % nicht ausreichen.[188]

---

[183] BAG 8 AZR 282/97 = NZA 1999, S. 310 ff
[184] EuGH Rs C 392/92 – Christel Schmidt
[185] EuGHE I 1997, 1259-1277 = NZA. 1997, 433-434
[186] BAG NZA 1985, S. 735 ff
[187] BAG 8 AZR 729/96
[188] BAG 8 AR 334/04

Abbildung 5-3:   Vorliegen eines Betriebsübergangs

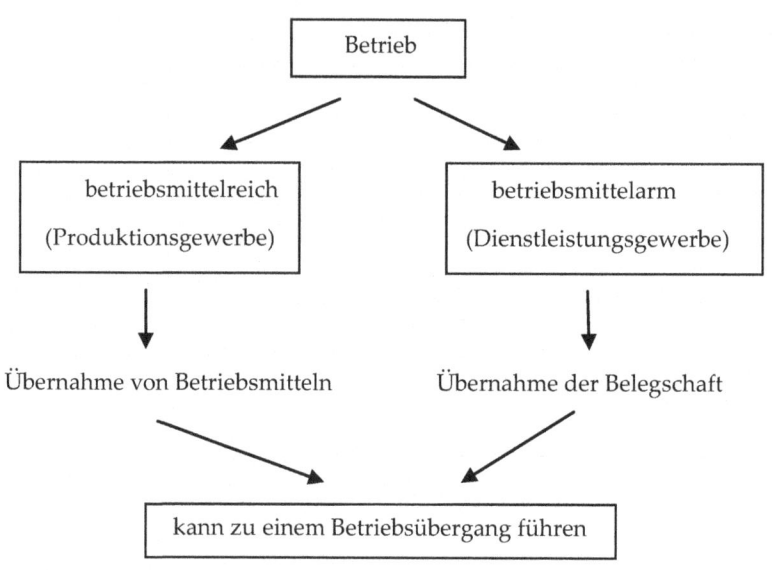

Eine weitere relevante Entscheidung traf der EuGH in der Rechtssache Carlito Abler.[189] Hier hatte ein Krankenhaus die gesamte Verpflegung an eine Catering-Firma vergeben. Eines Tages kündigte das Krankenhaus den Vertrag mit der Catering-Firma und übertrug die Aufgaben auf eine andere Catering-Firma. Beiden Firmen stellte das Krankenhaus nacheinander die Küche mitsamt Inventar zur Verfügung. Hier bejahte der EuGH einen Betriebsübergang, da Küche und Inventar wesentliche Betriebsmittel seien. Dieser Auffassung hat sich auch das BAG angeschlossen.[190]

Auch der Übergang eines Betriebsteils wird vom Wortlaut des § 613a BGB erfasst. Unter einem Betriebsteil wird eine selbstständig abtrennbare organisatorische Einheit verstanden. Meist übt ein Betriebsteil eine „Hilfsfunktion" zum gesamten Betrieb aus. Hervorzuheben ist, dass die übernommenen Betriebsteile immer bereits bei Veräußerung als solche vorhanden gewesen sein müssen, da nur eine existente, selbstständig abtrennbare organisatorische Einheit übergehen kann.[191]

Darüber hinaus muss ein **Wechsel in der Rechtspersönlichkeit des Betriebsinhabers** stattfinden, wobei Betriebsinhaber jede natürliche oder juristische Person oder Personengesellschaft sein kann, wobei die Frage der Eigentumslage unbeachtlich ist. Glei-

---

[189] EuGH Rs C 240/01
[190] BAG 8 AZR 271/05
[191] BAG 8 AZR 204/05

5.1 Betriebsübergang

ches gilt für die Art des Rechtsgeschäftes, das dem Betriebsübergang zugrunde liegt. Lediglich die Fälle der Gesamtrechtsnachfolge, etwa im Wege der Erbschaft, sind von der Vorschrift nicht erfasst.[192] Es muss ein Übergang der tatsächlichen Nutzungs- und Verfügungsgewalt über die für den Betrieb maßgeblichen Betriebsmittel vorliegen, unabhängig von der Eigentumslage. Maßgebend ist zudem, ob der Betrieb tatsächlich fortgeführt wird.[193]

Beispiel:
Die Neuverpachtung einer Gaststätte kann einen Betriebsübergang darstellen.[194]

Insgesamt wendet die Rechtsprechung hier einen sehr weiten Maßstab an.[195] Es kann auch ein Betriebsübergang durch ein unwirksames Rechtsgeschäft erfolgen.[196]

Ein Sonderfall besteht, wenn Anstellungsgesellschaft (Gesellschaft, mit welcher der Arbeitnehmer seinen Arbeitsvertrag hat) und Betriebsgesellschaft (Gesellschaft, bei welcher der Arbeitnehmer tatsächlich eingesetzt wird) auseinanderfallen. Dies ist bei der konzerninternen Arbeitnehmerüberlassung gegeben. Nach der Rechtsprechung des EuGH ist hierbei auf die Veräußerung der Betriebsgesellschaft abzustellen.[197]

5.1.3 Ausnahmen von § 613a BGB

In zwei Fällen scheidet ein Betriebsübergang aus:

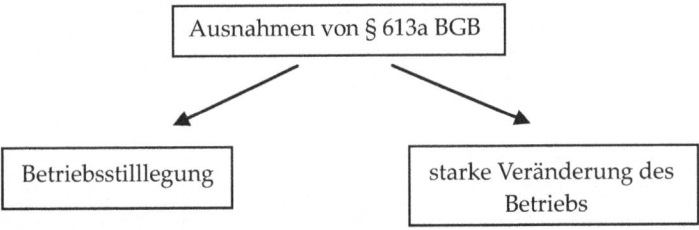

---

[192] BAG NZA 2012, S. 767
[193] BAG NZA 1998, S. 310 ff; BAG NZA 1999, S. 704 ff
[194] BAG NZA 1995, S. 1155 ff
[195] EuGH C 13/95
[196] BAG 5 AZR 411/83 = NZA 1985, S. 735 ff
[197] EuGH C 249/09 - Alborn

Eine **Betriebsstilllegung**, d.h. Auflösung der Betriebsorganisation, stellt keinen Betriebsübergang dar.[198] Von einer Betriebsstilllegung wird gesprochen, wenn die Betriebstätigkeit tatsächlich eingestellt wird, die betriebliche Organisation aufgelöst wird, die Betriebsmittel an verschiedene Erwerber veräußert werden, alle Arbeitsverhältnisse gekündigt werden, eine Betriebsveräußerung mit der Auflösung der bisherigen Organisation stattfindet, oder eine erhebliche räumliche Verlegung des Betriebes vorgenommen wird.

Eine **starke Betriebsveränderung** führt ebenfalls dazu, dass die Rechtsprechung die Anwendung des § 613a BGB ablehnt.

Beispiel:
In den Räumen einer gutbürgerlichen Gaststätte wird ein arabisches Spezialitätenrestaurant eröffnet.[199]

5.1.4 Rechtsfolgen des § 613a BGB

Liegt ein Betriebsübergang vor, sind die sich aus § 613a BGB ergebenden Folgen zwingend, d.h. sie können nicht durch Vereinbarungen, insbesondere zwischen dem alten und neuen Betriebsinhaber, ausgeschlossen werden.[200] § 613a BGB hat zur Folge, dass der Betriebserwerber in die Arbeitgeberstellung mit allen Rechten und Pflichten des alten Betriebsinhabers eintritt. Alle zum Zeitpunkt des Betriebswechsels noch bestehenden Arbeitsverhältnisse gehen automatisch auf den Erwerber über. Die Dauer der Betriebszugehörigkeit der Arbeitnehmer beginnt nicht von neuem, sondern läuft weiter.

Nach § 613a Abs. 5 BGB sind sowohl der bisherige Inhaber als auch der Erwerber verpflichtet, die vom Betriebsübergang betroffenen Mitarbeiter über den Zeitpunkt und Grund des Übergangs, über die rechtlichen, wirtschaftlichen und sozialen Folgen sowie über die in Aussicht gestellten Maßnahmen **schriftlich zu informieren**. Maßgebend ist, dass dem Arbeitnehmer eine ausreichende Wissensgrundlage für die Entscheidung zur Verfügung gestellt wird.[201] Über die Identität des Erwerbers ist zwingend zu informieren, damit der Arbeitnehmer Erkundigungen anstellen kann.[202]

Nach § 613a Abs. 6 BGB kann der vom Betriebsübergang betroffene Arbeitnehmer dem Übergang widersprechen. Erfolgt ein **Widerspruch**, geht sein Arbeitsverhältnis

---

[198] BAG NZA 2003, S. 93 ff
[199] BAG 8 AZR 539/95
[200] BAG NZA 1992, S. 1080 ff
[201] BAG NZA 2006, S. 1268 ff
[202] BAG 8 AZR 538/08 = DB 2010, S. 58 ff

nicht auf den Erwerber über, sondern besteht mit dem alten Betriebsinhaber fort. Der Widerspruch muss hierbei innerhalb eines Monats nach der vollständigen Unterrichtung über den Betriebsübergang ausgesprochen werden und hat schriftlich zu erfolgen. Begründet muss der Widerspruch nicht werden, er kann sich allerdings nur auf das ganze Arbeitsverhältnis und nicht nur auf einzelne Folgen beziehen.

Aufgrund des Betriebsüberganges kann der alte Betriebsinhaber **nicht** gemäß § 613a Abs. 4 S. 1 BGB dem Arbeitnehmer **kündigen**. Allerdings sind Kündigungen aus anderen Gründen gemäß § 613a Abs. 4 S. 2 BGB möglich, so dass das Arbeitsverhältnis ordentlich oder außerordentlich gekündigt werden kann.

Abbildung 5-4: Betriebsübergang und Kündigung

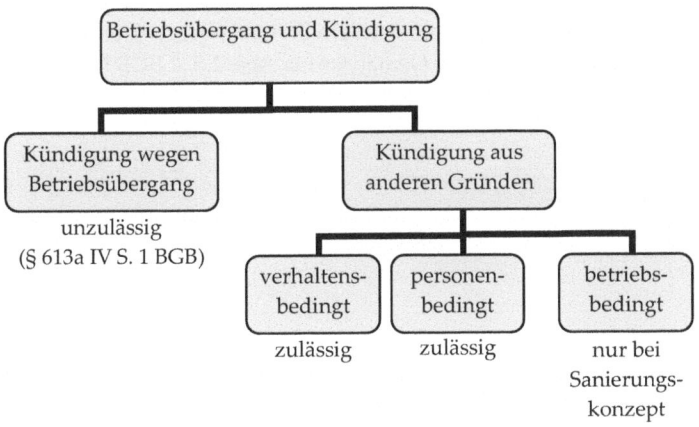

Eine ordentliche Kündigung kann nach einem Widerspruch des Arbeitnehmers in Frage kommen, weil der bisherige Betriebsinhaber nach dem Betriebsübergang nunmehr keinen geeigneten Arbeitsplatz mehr zur Verfügung hat, so dass nunmehr eine betriebsbedingte Kündigung möglich wäre.

Aus dem Schutzzweck des § 613a Abs. 4 BGB ergibt sich auch, dass eine Umgehung des Kündigungsschutzverbotes unzulässig ist. Diesbezügliche Geschäfte sind gemäß § 134 BGB nichtig. Dies gilt insbesondere für den Abschluss eines Aufhebungsvertrages, der vom bisherigen Arbeitgeber ausgeht und ansonsten keinen sachlichen Grund hat. Die Rechtsprechung hat diese Grundsätze erweitert, indem sie Aufhebungsverträge nur dann zulässt, wenn der Arbeitnehmer endgültig aus dem Unternehmen ausscheidet. Wenn dagegen ein neues Arbeitsverhältnis, meist bei einer Beschäftigungs- und/oder Qualifizierungsgesellschaft zugesagt wird, ist der Aufhebungsvertrag unwirksam.[203]

Wird durch den bisherigen Betriebsinhaber dennoch eine Kündigung ausgesprochen, die nach § 613a Abs. 4 BGB unwirksam ist, kann der Arbeitnehmer Kündigungsschutzklage beim Arbeitsgericht erheben. Die Kündigungsschutzklage richtet sich dabei gegen den Arbeitgeber, der die Kündigung ausgesprochen hat, also üblicherweise den bisherigen Betriebsinhaber. Findet dann der Betriebsübergang nach der Klageerhebung statt, wirkt das Urteil gemäß § 320 ZPO auch gegen den Erwerber. Bei Zweifeln sollten sowohl der Veräußerer als auch der Erwerber verklagt werden.

In § 613a Abs. 2 BGB sind Fragen der **Haftung für Ansprüche** geregelt, d.h. für welche Ansprüche der bisherige Betriebsinhaber bzw. der Erwerber haftet. Der bisherige Betriebsinhaber haftet voll für alle arbeitsvertraglichen Ansprüche, d.h. insbesondere für rückständige Lohnforderungen, die aus dem Arbeitsverhältnis rühren, das bereits vor dem Betriebsübergang beendet wurde. Der frühere Betriebsinhaber haftet neben dem Erwerber für alle Verpflichtungen, die vor dem Betriebsübergang entstanden sind und beim Übergang bereits fällig waren. Gemäß § 613a Abs. 2 S. 2 BGB haftet der bisherige Betriebsinhaber anteilig für Forderungen, die erst nach Übergang fällig werden.

5.2 Umstrukturierung

5.2.1 Voraussetzungen der Umstrukturierung

Eine Umstrukturierung liegt dann vor, wenn entweder die Rechtsform eines Unternehmens geändert wird, oder eine Aufspaltung eines Unternehmens in zwei oder mehrere Unternehmen erfolgt. Diese Umstrukturierungen werden durch das Umwandlungsrecht (UmwG) geregelt.

Gemäß § 1 Abs. 1 UmwG sind **vier verschiedene Arten der Umwandlung** von Unternehmen zu unterscheiden:

- Verschmelzung (§§ 2 – 122 UmwG)
- Unternehmensaufspaltung (§§ 123 – 173 UmwG)
- Vermögensübertragung (§§ 174 – 189 UmwG)
- Formwechsel (§§ 190 – 304 UmwG)

---

[203] BAG 8 AZR 312/10 = DB 2011, S. 2850 ff

Abbildung 5-5: Umwandlung nach dem UmwG

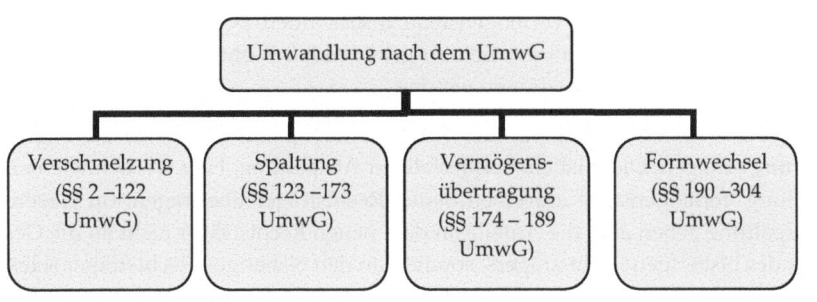

Eine **Verschmelzung** liegt vor, wenn mehrere bislang Selbstständige Unternehmen zu einem einheitlichen Rechtsträger zusammengeführt werden. Hierbei kann die Verschmelzung gemäß § 2 Nr. 1 UmwG entweder durch Aufnahme des einen in das andere Unternehmen erfolgen, wobei das übernehmende Unternehmen bestehen bleibt, oder gemäß § 2 Nr. 2 UmwG durch eine Neugründung, bei der alle beteiligten Unternehmen in dem neugegründeten Unternehmen aufgehen.

Abbildung 5-6: Verschmelzung

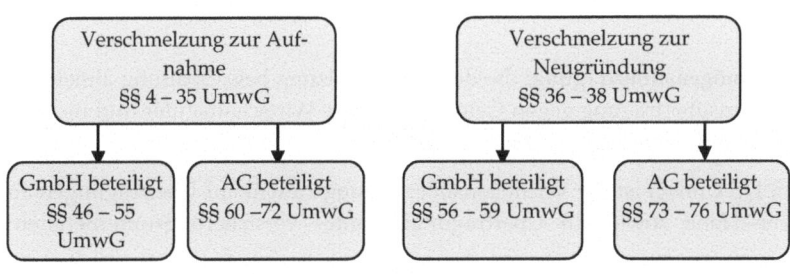

Bei der **Unternehmensaufspaltung** wird ein Unternehmen in mehrere selbstständige Rechtsträger geteilt. Hier unterscheidet das Umwandlungsgesetz zwischen drei Unterformen. Gemäß § 123 Abs. 1 UmwG kann die Unternehmensaufspaltung durch Aufspaltung erfolgen, wobei der übertragende Rechtsträger erlischt und sein gesamtes Vermögen auf mind. zwei andere bereits bestehende oder neu zu gründende Unternehmen aufgeteilt wird, gegen Gewähren von Anteilen des neuen Rechtsträgers an die Anteilsinhaber des übertragenen Rechtsträgers.

Gemäß § 123 Abs. 2 UmwG kann die Unternehmensspaltung auch in Form der sog. **Abspaltung** durchgeführt werden, wobei der übertragende Rechtsträger bestehen bleibt und lediglich einzelne Vermögensteile, insbesondere Betriebe oder Betriebsteile, auf einen schon bestehenden oder neu zu gründenden Rechtsträger, ebenfalls gegen Gewährung von Anteilen, übertragen werden.

Gemäß § 123 Abs. 3 UmwG kann die Unternehmensspaltung in Form der sog. **Ausgliederung** erfolgen. Diese ist ein Sonderfall der Abspaltung. Hier werden wie bei der Abspaltung Vermögensteile auf einen neuen Rechtsträger übertragen. Im Gegensatz zur Abspaltung gehen aber die Anteile an dem neuen Rechtsträger nicht an die Gesellschafter des bisherigen Rechtsträgers, sondern an den bisherigen Rechtsträger selbst.

Abbildung 5-7: *Spaltung*

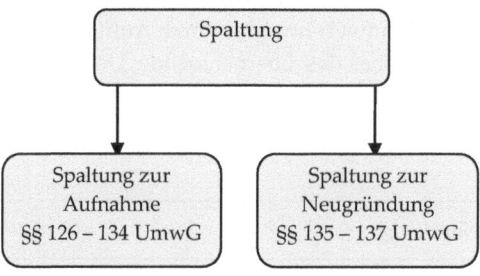

Bei der **Vermögensübertragung**, die der Verschmelzung bzw. Spaltung ähnelt, erfolgt die Vermögensübertragung gegen Geld oder andere Wirtschaftsgüter und nicht durch Übertragung von Anteilen bzw. Mitgliedschaftsrechten.

Gemäß § 175 UmwG ist die Vermögensübertragung zudem auf Übertragungen an die öffentliche Hand sowie auf Übertragungen unter Versicherungsunternehmen begrenzt.

Findet ein **Formwechsel** statt, ändert sich nicht die Identität des Unternehmens, sondern lediglich dessen Rechtsform, d.h. z.B. eine GmbH wird in eine AG umgewandelt.

Die erfolgte Umwandlung wird erst durch Eintragung in das entsprechende Register (Handels-, Genossenschafts- bzw. Vereinsregister) gemäß § 20 Abs. 1 Nr. 1, § 1 Abs. 1 Nr. 1, § 176 Abs. 3 S. 1 UmwG wirksam, wobei die Eintragung wiederum den Abschluss eines entsprechenden Verschmelzungsvertrages gemäß §§ 4 – 6 UmwG, bzw. Spaltungs- und Übernahmevertrages gemäß § 126 UmwG, bzw. einen Spaltungsplan gemäß § 136 UmwG voraussetzt, welcher als schuldrechtliches Verpflichtungsgeschäft der jeweiligen Vermögensübertragung zugrunde liegt.

Vorteil der Übertragung von Betrieben oder Betriebsteilen im Rahmen des UmwG ist, dass nicht jeder Vermögensgegenstand einzeln übertragen werden muss, sondern dass das **Vermögen als Gesamtes** kraft Gesetzes auf den übernehmenden Rechtsträger übergeht. Ansonsten wäre eine Einzelübertragung sämtlicher Vermögensgegenstände erforderlich, was gerade bei großen Betrieben mit vielen Gegenständen sehr aufwendig wäre. Erfolgt allerdings die Übertragung außerhalb des Umwandlungsgesetzes, muss jeder Vermögensgegenstand, entsprechend den dafür geltenden Rechtsvorschriften des Bürgerlichen Gesetzbuches (BGB), übertragen werden, was bedeutet, dass

- Grundstücke durch Auflassung und Grundbucheintragung gemäß § 873 BGB,
- Forderungen durch Abtretungen nach § 398 BGB und
- bewegliche Sachen durch Einigung und Übergabe gemäß § 929 BGB

zu übereignen wären.

5.2.2 Rechtsfolgen der Unternehmensumwandlung

Im Falle einer Umwandlung gilt gemäß § 324 UmwG die Schutzvorschrift für Arbeitnehmer des § 613a Abs. 1, 4 – 6 BGB. Dies bedeutet, dass im Falle einer Umwandlung nach dem Umwandlungsgesetz, also bei einer Verschmelzung, Spaltung oder Vermögensübertragung, die Arbeitsverhältnisse ohne inhaltliche Änderung auf den neuen Rechtsträger übergehen. Aufgrund der Anwendbarkeit des § 613a BGB gilt außerdem ein Kündigungsverbot aufgrund der Umwandlung. Kündigungen, die aufgrund einer Umwandlung ausgesprochen werden, sind damit unwirksam. Zulässig sind dagegen Kündigungen aus anderen Gründen, auch wenn sie in einem engen zeitlichen Zusammenhang mit der Umwandlung stehen.

Nach § 323 UmwG bleibt auch der **Kündigungsschutz** nach einer Umwandlung erhalten, d.h. die kündigungsrechtliche Stellung bleibt nach der Umwandlung für die Dauer von zwei Jahren, ab dem Zeitpunkt des Wirksamwerdens, unberührt. Dies hat insbesondere Bedeutung, wenn im bisherigen Betrieb das Kündigungsschutzgesetz anwendbar gewesen wäre, nach der Umwandlung aber nicht mehr. Der Kündigungsschutz des Kündigungsschutzgesetzes besteht für nunmehr zwei weitere Jahre fort.

Gemäß § 322 UmwG gilt, dass ein Betrieb nach der Spaltung oder Teilübertragung nunmehr mit dem vorherigen Betrieb im Sinne eines Betriebes weitergeführt wird, was zur Folge hat, dass für die Anwendbarkeit des Kündigungsschutzgesetzes, für die Prüfung des sozialen Ausfalls und für die Frage von bestehenden Weiterbeschäftigungsmöglichkeiten die Arbeitsplätze beider Betriebe und nicht nur des neu entstandenen Betriebes maßgebend sind.

Da § 324 UmwG ausdrücklich nicht auf § 613a Abs. 2 BGB verweist, gilt die arbeitsrechtliche Haftungsregelung des § 613a Abs. 2 BGB in den meisten Umwandlungsfällen nicht. Im Falle der Umwandlung gelten dann die allgemeinen Vorschriften über den Gläubigerschutz des Umwandlungsgesetzes, so dass bei einer Verschmelzung und Vermögensvollübertragung der übernehmende Rechtsträger für alle gegenwärtigen und künftigen Ansprüche aus dem Arbeitsverhältnis im Wege der Gesamtrechtsnachfolge haftet. Nach § 22 UmwG hat ein Gesamtrechtsnachfolger für noch nicht fällige Ansprüche von Gläubigern Sicherheit zu leisten, wenn die Erfüllung der Forderung gefährdet ist und diese Gefährdung glaubhaft gemacht wird.

Nach § 133 Abs. 1 UmwG haftet zudem sowohl der übertragende als auch der übernehmende Rechtsträger für die vor der Umwandlung begründeten Verbindlichkeiten des übertragenden Rechtsträgers als Gesamtschuldner, da ansonsten eine Spaltung oder Teilübertragung zu einer Verringerung der Haftungsmasse und damit zu einer Schlechterstellung der Gläubiger führen würde. Die Haftung des übernehmenden Rechtsträgers ist aber gemäß § 133 Abs. 3 – 5 UmwG auf fünf Jahre beschränkt. Nach § 134 UmwG ist bei einer Aufspaltung in eine Anlage- und in eine Betriebsgesellschaft bzgl. künftiger Ansprüche eine Haftungserweiterung gegeben.

5.3 Insolvenz

In Bezug auf die Auswirkungen der Insolvenz auf Arbeitsverhältnisse ist zwischen Arbeitgeber- und Arbeitnehmerinsolvenz zu unterscheiden:

Gerät der **Arbeitgeber in Insolvenz**, bedeutet dies nicht, dass das Arbeitsverhältnis automatisch beendet wird. Dieses bleibt unverändert fortbestehen. Allerdings gehen das Weisungsrecht und die Lohnzahlungsverpflichtung auf den Insolvenzverwalter über (§ 80 InsO).

Im Falle einer Insolvenz sind Lohnzahlungen immer sehr problematisch, da die „normalen" Gläubiger von anderen Forderungen in der Insolvenz eine sehr geringe Quote ihrer Forderung bekommen. Diese Quote beträgt durchschnittlich ca. zwei bis drei Prozent der Forderung. Da dies für Arbeitnehmer nicht hinnehmbar wäre, wurde gemäß §§ 165 ff. SGB III das sog. **Insolvenzgeld** eingeführt, wonach der Arbeitnehmer seinen Lohn für die letzten drei Monate vor Insolvenzeröffnung bekommt. Das Insolvenzgeld wird nicht in Höhe des vollen Lohnanspruches des Arbeitnehmers gewährt, sondern das Bruttoarbeitsentgelt, maximal bis zur Beitragsbemessungsgrenze, wird um die gesetzlichen Abzüge vermindert.

Der Lohnanspruch für die Zeit vor den letzten drei Monaten vor Insolvenzeröffnung ist nicht besonders gesichert (§ 38 InsO).

Der Lohnanspruch für die Zeit nach Eröffnung des Insolvenzverfahrens ist eine sog. **Masseforderung**, d.h. der Arbeitnehmer muss sich an den Insolvenzverwalter wenden, der die Lohnforderung aus dem vorhandenen Vermögen vorab bezahlen muss, d.h. Arbeitnehmer sind vorrangig vor anderen Gläubigern, zu befriedigen.

Tabelle 5-1: Lohn bei Insolvenz

Lohn früher als drei Monate vor Insolvenzeröffnung	Letzte drei Monate vor Insolvenzeröffnung	Nach Insolvenzeröffnung
nicht geschützt, da einfache Forderung	Insolvenzgeld gemäß §§ 165 ff SGB III	Masseforderung (§ 55 I Nr. 2 InsO)

Darüber hinaus sind im Falle der Insolvenz des Arbeitgebers die **Kündigungsfristen geändert**. Gemäß § 113 Abs. 1 InsO beträgt die Kündigungsfrist drei Monate bis zum Monatsende, sofern nicht vertraglich oder gesetzlich eine kürzere Frist gilt. Diese Kündigungsfrist gilt sowohl für den Arbeitgeber, als auch für den Arbeitnehmer. Zweck der Vorschrift ist die Beschleunigung von Kündigungen in der Insolvenz.[204] Wenn bereits (mit einer längeren Frist als 3 Monate) gekündigt wurde kann bei Insolvenzeröffnung der Insolvenzverwalter nochmals nach § 113 Abs. 1 InsO kündigen, um so die Kündigungsfrist zu verkürzen (sog. Nachkündigung).

Gerät der **Arbeitnehmer in Insolvenz**, hat dies keine Auswirkung auf den Bestand und Inhalt des Arbeitsverhältnisses.[205] Dieses kann lediglich dazu führen, dass der Arbeitgeber angewiesen ist, den Lohn, der über der Pfändungsfreigrenze liegt, an den Insolvenzverwalter des Arbeitnehmers auszukehren.

---

[204] BAG AP § 113 InsO Nr. 23
[205] BAG NZA 2006, S. 720; BAG NZA 2007, S. 387 ff

6 Das Arbeitsgerichtsverfahren

Die deutsche Arbeitsgerichtsbarkeit besteht aus **drei Instanzen**. In der ersten Instanz befinden sich die Arbeitsgerichte, in zweiter Instanz die Landesarbeitsgerichte und in dritter Instanz entscheidet das Bundesarbeitsgericht.

Die Arbeitsgerichtsbarkeit ist nicht nur mit Berufsrichtern, sondern auch mit **ehrenamtlichen Richtern** besetzt, da diese eine praktische Sachkunde in den Entscheidungsprozess mit einbringen können. Die ehrenamtlichen Richter kommen hierbei je zur Hälfte aus dem Lager der Arbeitnehmer und zur Hälfte aus dem Lager der Arbeitgeber (§§ 16 Abs. 1 S. 2, 35 Abs. 1 S. 2, 41 Abs. 1 S. 2 ArbGG). Das Arbeitsgericht erster Instanz wird demgemäß mit einem Berufsrichter und zwei ehrenamtlichen Richtern besetzt, das Landesarbeitsgericht ebenfalls mit einem Berufsrichter und zwei ehrenamtlichen Richtern und das Bundesarbeitsgericht mit drei Berufsrichtern und zwei ehrenamtlichen Richtern.

Gemäß § 8 Abs. 1 ArbGG ist das Arbeitsgericht in allen arbeitsrechtlichen Streitigkeiten erster Instanz, unabhängig von der Frage des Streitwertes, zuständig.

Abbildung 6-1:   Aufbau der Arbeitsgerichtsbarkeit

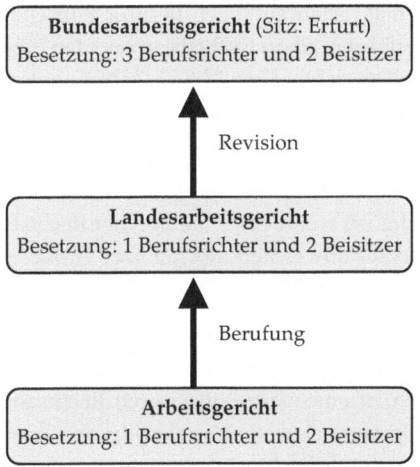

Gemäß § 16 Abs. 2 ArbGG sind die **Kammern bei den Arbeitsgerichten** mit einem Berufsrichter und zwei ehrenamtlichen Richtern besetzt. Die Bezirke, die die örtliche Zuständigkeit der Arbeitsgerichte bestimmen, stimmen oft mit denen der Amtsgerichte nicht überein, da diese meist größer sind. Gemäß § 14 Abs. 4 ArbGG kann daher die Kammer eines Arbeitsgerichtes Gerichtstage abhalten, d.h. dass sie an einem bestimmten Tag an einem bestimmten Ort, der nicht dem eigentlichen Gerichtsort entspricht, Sitzungen abhält, ohne dass die Kammer dauerhaft an den Ort verlegt wird.

Beispiel:

Das Arbeitsgericht Mainz hält Gerichtstage in Worms ab.

Gemäß § 35 Abs. 2 ArbGG sind **die Landesarbeitsgerichte** ebenfalls mit einem Berufsrichter und zwei ehrenamtlichen Richtern besetzt. Hier werden, anders als z.B. bei den Oberlandesgerichten, keine Senate, sondern ebenfalls Kammern gebildet. Gemäß §§ 8 Abs. 2 u. 4, 78 ArbGG sind die Landesarbeitsgerichte für Berufungen gegen Urteile der Arbeitsgerichte und für Beschwerden gegen Beschlüsse der Arbeitsgerichte zuständig.

Das **Bundesarbeitsgericht** ist gemäß § 41 Abs. 2 ArbGG mit drei Berufsrichtern und zwei ehrenamtlichen Richtern besetzt. Es besteht aus Senaten und hat seinen Sitz in Erfurt. Gemäß § 8 Abs. 3 ArbGG entscheidet das Bundesarbeitsgericht in dritter Instanz über Rechtsmittel, die gegen Entscheidungen der Landesarbeitsgerichte eingelegt werden, d.h. im Urteilsverfahren gegen Berufungsurteile bzw. gemäß § 8 Abs. 5 ArbGG im Beschlussverfahren über Rechtsbeschwerden gegen die Beschwerdebeschlüsse der Landesarbeitsgerichte. Gemäß § 76 ArbGG entscheidet es in zweiter Instanz über Sprungrevisionen gegen Urteile bzw. bei der Sprungrevisionsbeschwerde gegen Beschlüsse des Arbeitsgerichtes.

Nach § 41 ArbGG ist beim Bundesarbeitsgericht ein sog. **Großer Senat** eingerichtet, der immer dann zuständig ist, wenn ein Senat in einer Rechtsfrage von der Rechtsprechung eines anderen Senates abweichen möchte. Der Große Senat kann auch angerufen werden, wenn Rechtsfragen von grundsätzlicher Bedeutung zu entscheiden sind.

Gemäß § 11 ArbGG können sich die Parteien vor dem Arbeitsgericht **selbst vertreten** oder sich durch die Gewerkschaft oder durch einen Arbeitgeberverband vertreten lassen. Selbstverständlich ist eine Vertretung durch Rechtsanwälte möglich. Vor den Landesarbeitsgerichten können sich die Parteien durch Gewerkschaftssekretäre, den Arbeitgeberverband oder durch Rechtsanwälte vertreten lassen, sich aber nicht mehr selbst vertreten. Beim Bundesarbeitsgericht gelten für die Vertretung die gleichen Regeln wie beim Landesarbeitsgericht.

Das Arbeitsgerichtsverfahren

Das arbeitsgerichtliche Verfahren beginnt üblicherweise mit der Klageeinreichung durch den Kläger, die an den Gegner zugestellt wird.

Abbildung 6-2:   *Einleitung eines arbeitsgerichtlichen Verfahrens*

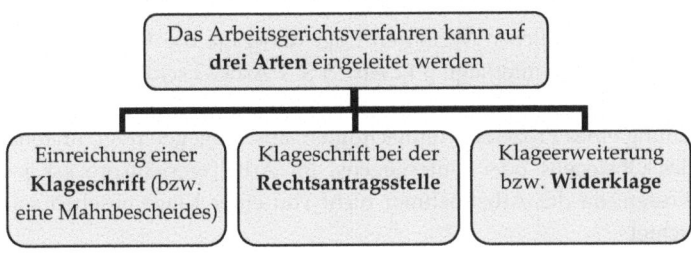

Es erfolgt dann eine **Güteverhandlung**, die noch nicht vor der Kammer, sondern lediglich vor dem Berufsrichter stattfindet. Kann hier noch keine Einigkeit erzielt werden, erfolgt der sog. **Kammertermin**. Hier ist die Kammer mit einem Berufsrichter und zwei ehrenamtlichen Richtern besetzt. Die Kammer fällt dann ein Urteil, gegen das dann ggf. Berufung oder Revision eingelegt werden kann.

Abbildung 6-3:   *Abschnitte des arbeitsgerichtlichen Verfahrens*

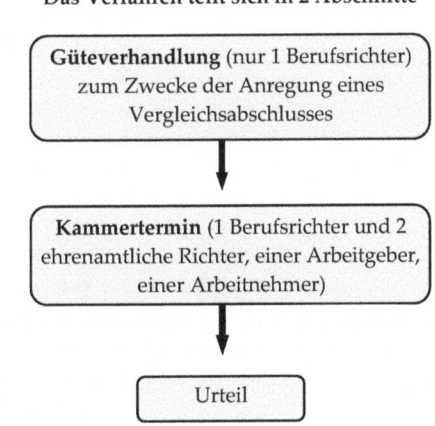

6 Das Arbeitsgerichtsverfahren

Wird eine Entscheidung getroffen, die mit einem **Rechtsmittel** angreifbar ist, so muss gemäß § 9 Abs. 5 ArbGG durch das Gericht eine Belehrung über das Rechtsmittel erfolgen. Wird hier keine, eine unvollständige, unklare oder unrichtige Rechtsmittelbelehrung erteilt, führt dies dazu, dass eine eigentlich gegebene Rechtsmittelfrist nicht zu laufen beginnt und gemäß § 9 Abs. 5 S. 3, 4 ArbGG ein Rechtsmittel innerhalb eines Jahres nach der Zustellung der Entscheidung zulässig ist.

In allgemeinen zivilrechtlichen Verfahren trägt derjenige die **Kosten**, gemäß § 91 ff. ZPO, der (ggf. teilweise) unterliegt. § 12 Abs. 5 S. 1 ArbGG schließt eine Kostenerstattung, bezogen auf die Entschädigung wegen Zeitversäumnis und wegen der Kosten für Hinzuziehung eines Prozessbevollmächtigten, aus. Dagegen trägt, unabhängig von der Frage des Obsiegens oder Unterliegens, im Arbeitsgerichtsprozess jede Partei selbst ihre Kosten, da der Arbeitnehmer nicht von einer Klage absehen soll, weil er Kosten befürchtet.

7 Kollektives Arbeitsrecht

7.1 Koalitionsrecht

Die im Grundgesetz (Art. 9 Abs. 3 GG) verankerte Koalitionsfreiheit ist Ausgangspunkt des kollektiven Arbeitsrechtes. Hierbei werden sowohl Koalitionen, wie auch das Koalitionsrecht jedes Einzelnen geschützt.

In Art. 9 Abs. 3 GG heißt es:

„Das Recht, zur Wahrung und Förderung der Arbeits- und Wirtschaftsbedingungen Vereinigungen zu bilden, ist für jedermann und für alle Berufe gewährleistet. Abreden, die dieses Recht einschränken oder zu behindern suchen, sind nichtig, hierauf gerichtete Maßnahmen sind rechtswidrig. Maßnahmen nach den Artikeln 12a, 35 Abs. 2 und 3, Artikel 87a Abs. 4 und Artikel 91 dürfen sich nicht gegen Arbeitskämpfe richten, die zur Wahrung und Förderung der Arbeits- und Wirtschaftsbedingungen von Vereinigungen im Sinne des Satzes 1 geführt werden."

Dies bedeutet insbesondere, dass auf Seiten der Arbeitgeber die Bildung von Arbeitgeberverbänden und auch auf Seiten der Arbeitnehmer die Bildung von Gewerkschaften geschützt wird. Dabei müssen diese Vereinigungen, um grundrechtlichen Schutz zu genießen, insbesondere folgende **Voraussetzungen** erfüllen:

- branchenorientiert,
- gegnerfrei, d.h. hier dürfen keine Vertreter der Gegenpartei im Arbeitskampf vertreten sein,
- überbetrieblich,
- unpolitisch,
- tariforientiert,
- Bereitschaft zur Beendigung des Arbeitskampfes nach Einigung,
- demokratisch orientiert,
- freiwillig organisiert.

Insbesondere gilt die Koalitionsfreiheit des Art. 9 Abs. 3 GG für jedermann, d.h. sie schützt zwar unmittelbar vor Eingriffen des Staates, entfaltet aber auch sog. **unmittelbare Drittwirkung**, so dass auch privatrechtliche Abreden nichtig sind, die die Koalitionsfreiheit einschränken oder zu behindern versuchen. Die Koalitionsfreiheit lässt sich in die individuelle und die kollektive Koalitionsfreiheit unterteilen:

- Die **individuelle Koalitionsfreiheit** gibt jedermann das Recht, Koalitionen zu bilden, ihnen beizutreten, darin zu verbleiben und sich zu betätigen. Geschützt wird das Recht aus einer Koalition auszutreten oder sich dieser eben nicht anzuschließen. Es werden deswegen diejenigen Maßnahmen verboten, die einen unzulässigen Druck auf jemanden ausüben, ihn zum Beitritt oder Nichtbeitritt einer Koalition zu zwingen.

- Die **kollektive Koalitionsfreiheit** schützt dagegen den Bestand der Koalition im Sinne einer Bestandsgarantie, sowie deren organisatorische Ausgestaltung und Betätigung. Insbesondere wird die Tarifautonomie mit samt der auf die Tarifautonomie gerichteten Maßnahmen (Arbeitskampf) geschützt.

Geht es um das Aushandeln von Tarifverträgen zwischen den Koalitionen, sind diese dabei vollkommen frei. Es darf hierbei keinen staatlichen Eingriff geben, insbesondere ist eine Zwangsschlichtung unzulässig.

7.2 Tarifvertragsrecht

Durch die Koalitionen werden insbesondere Tarifverträge ausgearbeitet, sie sind eine der wichtigsten Grundlagen des Arbeitsrechtes. Sie haben insbesondere **fünf grundliegende Funktionen** zu erfüllen:

Tabelle 7-1: Funktion der Tarifverträge

Schutzfunktion	Schutz der Arbeitnehmer vor der wirtschaftlichen Übermacht der Arbeitgeber
Friedensfunktion	während der Geltung eines Tarifvertrages ruht der Arbeitskampf
Ordnungsfunktion	der Tarifvertrag ordnet die Arbeitsbedingungen und schafft neue Rechtsgrundlagen des Arbeitsrechts
Verteilungsfunktion	Verteilung des Einkommens
Kartellfunktion	die Arbeitnehmer schließen sich zu einem Kartell zusammen, um ihren wirtschaftlichen Einfluss auf die Arbeitgeber stärken zu können.

Tarifvertragsrecht **7.2**

Ein Tarifvertrag enthält immer einen sog. normativen und einen sog. obligatorischen Teil.

- Der **normative Teil** betrifft die Arbeitnehmer und regelt die Rechtsverhältnisse der vom Tarifvertrag umfassten Einzelarbeitsverhältnisse, wie z.B. Löhne, Urlaubsansprüche, Kündigungsfristen, Prämien und Sozialeinrichtungen.

- Der **obligatorische Teil** betrifft lediglich Arbeitgeber und Gewerkschaften. Er regelt die Rechtsbeziehungen zwischen den beiden Tarifvertragsparteien. Damit werden insbesondere die Dauer und Geltung des Tarifvertrages, die Regelungen zur Kündigung des Tarifvertrages, Fragen der Friedenspflicht und Durchführungspflichten geregelt.

Ein Tarifvertrag kann zwischen einem Arbeitgeber und der Gewerkschaft bestehen, oder als sog. **Branchenvertrag** mit einem Arbeitgeberverband. Darüber hinaus gibt es sog. **Gehaltstarifverträge**, die lediglich Löhne und Gehälter regeln und sog. **Manteltarifverträge**, die lediglich Rahmenbedingungen für Arbeitsverhältnisse einer Branche regeln, wobei dann die konkrete Ausgestaltung anderen, weiteren Tarifverträgen, vorbehalten bleibt.

Oft kommen mehrere Tarifverträge in Frage, so dass sich die Frage stellt, welcher bestimmte Tarifvertrag auf ein bestimmtes Arbeitsverhältnis anzuwenden ist. Hierbei kommt es auf die örtliche, zeitliche, branchenmäßige und persönliche Anwendbarkeit an.

Normalerweise ist in einem Tarifvertrag der **örtliche Anwendungsbereich** geregelt. Hier ist der Ort maßgebend, an dem der Arbeitnehmer angestellt worden ist, was auch gilt, wenn der Arbeitnehmer regelmäßig seinen Einsatzort wechselt. Auch wird in einem Tarifvertrag meist die Dauer der Wirkung des Tarifvertrages geregelt. Läuft dieser aus, oder wird er gekündigt, oder tritt z.B. der Arbeitgeber aus dem Arbeitgeberverband aus, so gilt der zuletzt geltende Tarifvertrag gemäß § 4 Abs. 5 TVG weiter, bis er durch einen neuen ersetzt wurde.

Bei der Frage der **branchenmäßigen Anwendbarkeit** des Tarifvertrages so können für gleichen Betrieb verschiedene Tarifverträge zur Anwendung kommen (sog. Tarifpluralität).

In **persönlicher Hinsicht** kann ein Tarifvertrag auf dreifache Weise zur Anwendung kommen:

- Der Tarifvertrag wird nur dann auf ein Arbeitsverhältnis angewendet, wenn beiderseitigen Tarifbindung besteht, d.h. der Arbeitnehmer Mitglied der tarifschließenden Gewerkschaft ist und der Arbeitgeber Mitglied des Arbeitgeberverbandes (§ 3 I TVG).

- Ist dies nicht der Fall, kommt eine persönliche Einbeziehung in Betracht, wenn der Tarifvertrag durch den Bundesminister für Arbeit gemäß § 5 TVG für allgemeinverbindlich erklärt worden ist.

- Kommen diese beiden Alternativen nicht in Betracht, besteht die Möglichkeit der individuellen Vereinbarung der Geltung des Tarifvertrages im Arbeitsvertrag. Hier wird der Tarifvertrag entweder durch Abschrift oder Verweis im Arbeitsvertrag Bestandteil des Arbeitsvertrages.

Gemäß § 4 Abs. 1 TVG kann vom normativen Teil des Tarifvertrages grundsätzlich nicht im Arbeitsvertrag abgewichen werden, so dass dieser unmittelbar und zwingend gilt. Eine Abweichung ist nur dann gemäß § 4 Abs. 3 TVG möglich, wenn der Tarifvertrag eine sog. Öffnungsklausel erhält, d.h. abweichende arbeitsvertragliche Regelungen zulässt. Eine andere Ausnahme von der zwingenden Geltung des normativen Teils besteht nach § 4 Abs. 3 TVG beim sog. Günstigkeitsprinzip, d.h. wenn eine abweichende arbeitsvertragliche Regelung für den Arbeitnehmer günstiger ist, als die durch den Tarifvertrag eigentlich geltende Regelung.

7.3 Betriebsverfassungsrecht

7.3.1 Grundlagen und Geschäftsführung des Betriebsrats

Die Zusammenarbeit zwischen Betriebsrat und Arbeitgeber wird durch das Betriebsverfassungsgesetz (BetrVG) geregelt, welches eines der wichtigsten Gesetze im Arbeitsrecht ist.

Bei einem Betrieb mit in der Regel mehr als fünf wahlberechtigten Arbeitnehmern, von denen drei wählbar sind, können gemäß § 1 BetrVG Betriebsräte gewählt werden, wobei **keine Pflicht zur Wahl eines Betriebsrates** besteht. Der Betriebsrat hat dabei die Aufgabe, die Interessen der Belegschaft gegenüber dem Arbeitgeber zu vertreten.

Für das BetrVG gilt das **Territorialitätsprinzi**p, d.h. es kommt nur für Betriebe zur Anwendung, die sich im Inland befinden.[206]

Gemäß § 5 Abs. 1 BetrVG ist der Betriebsrat lediglich für die **Vertretung von Arbeitnehmern** zuständig, was nach dem BetrVG Arbeiter, Angestellte und Auszubildende sind.

Dagegen sind **leitende Angestellte** keine Arbeitnehmer im Sinne des BetrVG. Ob ein Mitarbeiter ein leitender Angestellter ist, ist bestimmt § 5 Abs. 3 BetrVG und nicht, ob ihn der Arbeitgeber z.B. im Arbeitsvertrag so tituliert. Nach § 5 Abs. 3 BetrVG sind damit leitende Angestellte Arbeitnehmer, die selbstständig, also ohne Rückfrage bei anderen Arbeitnehmern oder beim Arbeitgeber, andere Arbeitnehmer einstellen oder entlassen

---

[206] BAG AP § 14 AÜG Nr. 8

können, bzw. Arbeitnehmer, die Prokura oder Generalvollmacht haben und diese auch ausüben dürfen, oder Arbeitnehmer, die regelmäßig Aufgaben wahrnehmen, für die der Bestand oder die Entwicklung des Unternehmens maßgeblich sind und dabei besondere Kenntnisse und Erfahrungen einbringen.

Leitende Arbeitnehmer stehen dem Arbeitgeber sehr nahe und erfüllen damit innerhalb der Firma eher Arbeitgeberfunktionen, so dass diese eher dem „Lager" des Arbeitgebers und nicht dem der Arbeitnehmer zugerechnet werden.

Der **Betriebsrat** ist das wichtigste Organ der Betriebsverfassung. Dieser wird von der wahlberechtigten Belegschaft gemäß § 21 BetrVG für die Dauer von vier Jahren gewählt. Gemäß § 7 BetrVG sind alle Arbeitnehmer, die das 18. Lebensjahr vollendet haben, wahlberechtigt. Wählbar sind alle Wahlberechtigten, die zum Zeitpunkt der Wahl mindestens sechs Monate dem Betrieb angehören.

Gemäß § 9 BetrVG richtet sich die **Größe des Betriebsrates**, d.h. die Anzahl der Betriebsratsmitglieder, nach der Anzahl der wahlberechtigten Arbeitnehmer.

Der **Ablauf der Betriebsratswahl** wird in § 14 ff. BetrVG bzw. der dazu ergangenen Wahlordnung geregelt. Gemäß § 19 Abs. 2 BetrVG kann eine fehlerhafte Wahl binnen zwei Wochen nach Bekanntgabe des Wahlergebnisses gegenüber dem Arbeitsgericht angefochten werden, wenn ein Fehler das Wahlergebnis beeinflusst. Anfechtungsberechtigt ist dabei der Arbeitgeber, eine im Betrieb vertretene Gewerkschaft, oder eine Gruppe von mind. fünf wahlberechtigten Arbeitnehmern.

Gemäß § 20 Abs. 3 BetrVG trägt der Arbeitgeber die **Kosten der Betriebsratswahl**.

Wurden Betriebsratsmitglieder gewählt, haben diese **Rechte**:

- Vergütung während der Dauer der Betriebsratszeit, § 37 Abs. 1, 2 BetrVG
- Recht auf Schulung, § 37 Abs. 6, 7 BetrVG
- Besonderer Kündigungsschutz, § 15 KSchG, § 103 BetrVG
- keine Benachteiligung wegen Betriebsratsarbeit, § 78 BetrVG

Den Rechten stehen auch **Pflichten des Betriebsrats** gegenüber:

- Verschwiegenheitpflicht, § 79 Abs. 1 BetrVG
- Verbot des Arbeitskampfes in der Funktion des Betriebsratsmitgliedes, § 74 Abs. 2 S. 1 BetrVG
- Verbot der parteipolitischen Betätigung im Betrieb, § 74 Abs. 2 S. 2 BetrVG
- Abmeldung beim Vorgesetzten vor dem Verlassen des Arbeitsplatzes, um Betriebsratsaufgaben wahrzunehmen

Ein Betriebsratsmitglied kann seines Amtes gemäß § 23 Abs. 1 BetrVG enthoben werden, wenn es seine Pflichten als Betriebsratsmitglied in grober Weise verletzt.

Kollektives Arbeitsrecht

Beispiele:

Verstöße gegen das Gebot der Verschwiegenheit § 79 BetrVG oder Beteiligung am Arbeitskampf entgegen § 74 BetrVG

Nach § 40 Abs. 1, 2 BetrVG trägt der Arbeitgeber auch die **Kosten der Betriebsratsarbeit**, die er nicht auf die Belegschaft umlegen kann. Hierzu gehören insbesondere

- abschließbares Betriebsratszimmer,[207]
- schwarzes Brett,[208]
- Papier und Druckkosten für Rundschreiben des Betriebsrates,[209]
- aktueller Kommentar zum Betriebsverfassungsgesetz,[210]
- Fachzeitschrift,
- Telefon,
- Mobiltelefon,[211]
- ggf. Notebook,[212]
- Internetzugang,[213]
- E-Mail-Nutzung,
- ggf. Betriebsratshomepage,[214]
- ggf. sogar Sekretärin, bei umfangreicher Betriebsratsarbeit.

Ist der Arbeitgeber nicht bereit, dem Betriebsrat diese Ausstattung zur Verfügung zu stellen, kann der Betriebsrat diese Ansprüche gegenüber dem Arbeitgeber im Rahmen eines arbeitsgerichtlichen Verfahrens durchsetzen.

Gemäß § 74 Abs. 1 BetrVG soll ein sog. **Monatsgespräch**, d.h. einmal im Monat ein Gespräch zwischen dem Arbeitgeber und dem Betriebsrat über die betrieblichen Belange stattfinden, damit der Betriebsrat ordnungsgemäß seine Aufgaben wahrnehmen kann.

---

[207] LAG Schleswig-Holstein NZA-RR 2008, S. 187 ff; LAG Köln AuR 2001, S. 281 ff
[208] LAG Hamburg DB 1978, S. 118; LAG Baden-Württemberg DB 1978, S. 799
[209] BAG AP § 40 BetrVG Nr. 15
[210] BAG AP § 40 BetrVG Nr. 52
[211] LAG Baden-Württemberg LAGE § 40 BetrVG Nr. 6
[212] LAG Bremen NZA-RR 2009, S. 485 ff
[213] BAG AP § 40 BetrVG Nr. 79
[214] BAG AP § 40 BetrVG Nr. 78, 82

Nach §§ 42 ff. BetrVG hat der Betriebsrat einmal in jedem Kalendervierteljahr eine **Betriebsversammlung** für die Belegschaft abzuhalten, wobei die Belegschaft vom Betriebsrat über die Betriebsratsarbeit und den wirtschaftlichen Stand des Unternehmens zu informieren ist.

Gemäß § 39 BetrVG kann der Betriebsrat **Sprechstunden für Arbeitnehmer** einrichten. Nimmt ein Arbeitnehmer an einer Sprechstunde teil, gilt dies als Arbeitszeit, d.h. er erhält seinen Lohn weiter.

In größeren Unternehmen hat jede Ebene des Unternehmens ein eigenes Vertretungsorgan. Dies bedeutet, dass jeder Betrieb einen Betriebsrat gemäß § 54 ff. BetrVG hat, jedes Unternehmen einen **Gesamtbetriebsrat** gemäß § 47 ff. BetrVG und jeder Konzern einen **Konzernbetriebsrat** gemäß § 1 ff. BetrVG.

Abbildung 7-2: Betriebsrat

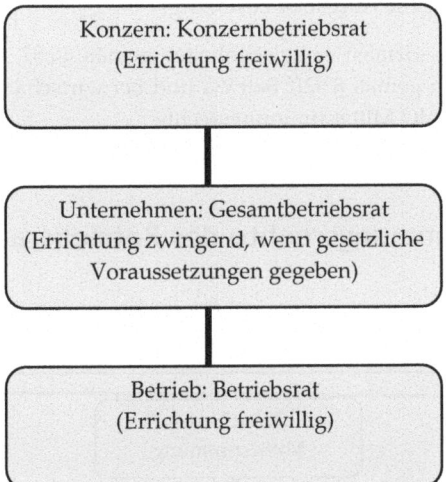

Besteht ein Unternehmen aus mehreren Betrieben, ist ein **Gesamtbetriebsrat** zu wählen, der für die Behandlung von Angelegenheiten, die das gesamte Unternehmen oder mehrere Betriebe betreffen und die nicht durch die einzelnen Betriebe geregelt werden können, zuständig ist (originäre Zuständigkeit gemäß § 50 Abs. 1 BetrVG). Darüber hinaus kann der Gesamtbetriebsrat in einer bestimmten Angelegenheit von einem Betriebsrat gemäß § 50 Abs. 2 BetrVG beauftragt werden (Zuständigkeit kraft Auftrages). Betriebsrat und Gesamtbetriebsrat stehen hierbei nicht in einem Hierarchieverhältnis. Ihnen sind unterschiedliche Aufgaben zugewiesen.

7 Kollektives Arbeitsrecht

Beispiel:
So ist der Gesamtbetriebsrat für die Errichtung unternehmensbezogener Sozialeinrichtungen, für die Einführung unternehmenseinheitlicher Altersgrenzenregelungen oder für die Einrichtung einer unternehmenseinheitlichen Altersversorgung zuständig.

Der Gesamtbetriebsrat ist gemäß § 47 Abs. 1 BetrVG auch zwingend zu bilden, wenn mehrere Betriebsstätten bestehen, wobei in einem Unternehmen nur ein Gesamtbetriebsrat gebildet werden kann.

Gemäß § 47 Abs. 2 BetrVG entsenden die Einzelbetriebsräte ihre Mitglieder in den Gesamtbetriebsrat.

Besteht ein Konzern, kann ein **Konzernbetriebsrat** gewählt werden, muss aber nicht. Insofern unterscheidet sich der Konzernbetriebsrat von dem Gesamtbetriebsrat. Dieser ist gemäß § 58 Abs. 1 BetrVG wieder für originäre Aufgaben und gemäß § 58 Abs. 2 BetrVG für ihm übertragene Aufgaben zuständig.

Der Betriebsrat hat bei sozialen Angelegenheiten gemäß §§ 87, 88 BetrVG, bei personellen Angelegenheiten gemäß § 92ff BetrVG und bei wirtschaftlichen Angelegenheiten gemäß § 106 ff. BetrVG Mitbestimmungsrechte.

7.3.2 Mitbestimmungsrechte des Betriebsrats

Abbildung 7-3:   Mitbestimmungsbereiche des Betriebsrates

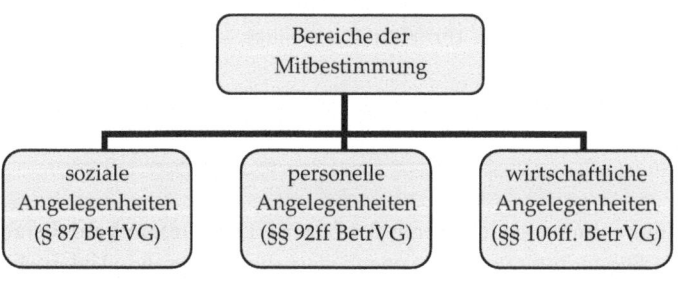

Die **Mitbestimmungsrechte** des Betriebsrates sind in verschiedenen Intensitäten ausgestaltet. Allgemeine Aufgaben befinden sich in § 80 Abs. 1 BetrVG, die von den Einzelbeteiligungsrechten unabhängig bestehen, wobei aber der Betriebsrat weder Mitbestimmungsrechte noch durchsetzbare Ansprüche hat. Gemäß § 80 Abs. 2 BetrVG ist der Betriebsrat lediglich zu unterrichten. Sie dienen lediglich der Möglichkeit einer sinnvollen Mitwirkung.

Neben den allgemeinen Informationsrechten bestehen für den Betriebsrat aber auch Mitbestimmungsrechte gemäß § 87 Abs. 1 BetrVG, Zustimmungserfordernisse gemäß § 99 BetrVG, Widerspruchsrechte z.B. gemäß § 102 Abs. 3 BetrVG, Beratungsrechte z.B. gemäß § 92 Abs. 1 S. 2 BetrVG, Anhörungsrechte z.B. gemäß § 102 Abs. 1 BetrVG und Informationsrechte z.B. gemäß §§ 108 Abs. 5, 80 Abs. 2 BetrVG.

Liegt ein Mitbestimmungsrecht vor, kann der Betriebsrat auch gegen den Willen des Arbeitgebers eine bestimmte Regelung erzwingen. Liegt ein Zustimmungserfordernis vor, muss der Arbeitgeber die Zustimmung des Betriebsrates einholen. Erfolgt diese nicht, kann er einen zustimmungsbedürftigen Sachverhalt, z.B. die Einstellung eines Arbeitnehmers, nicht durchsetzen. Liegt ein Widerspruchsrecht des Betriebsrates vor, kann der Arbeitgeber einen bestimmten Sachverhalt nur verwirklichen, wenn der Betriebsrat nicht widerspricht. Hat der Betriebsrat ein Beratungsrecht, muss der Arbeitgeber einen angedachten Sachverhalt erst mit dem Betriebsrat beraten und ggf. Alternativmöglichkeiten erarbeiten. Kommt hier keine Einigung zustande, kann der Arbeitgeber trotzdem den von ihm gewünschten Sachverhalt umsetzen. Besteht ein Anhörungsrecht, muss der Betriebsrat nur gehört werden, ohne dass dieser dann tatsächlichen Einfluss auf die Maßnahmen ausüben kann. Bestehen Informationsrechte, ist dieser nur zu informieren.

Bei den Mitbestimmungsrechten steht es dem Betrieb frei, ob er diese durch **Betriebsvereinbarung** oder durch **Regelungsabrede** ausüben möchte.

Abbildung 7-4: Mitbestimmungsmöglichkeiten des Betriebsrates

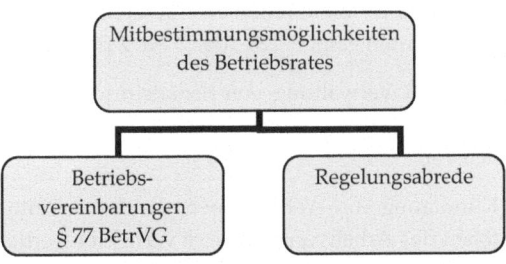

Soll dies durch Betriebsvereinbarung geschehen, muss dies schriftlich erfolgen. Sie hat gemäß § 77 Abs. 4 BetrVG unmittelbare und zwingende Wirkung, es gilt aber gemäß § 77 Abs. 3 BetrVG der Tarifvorbehalt. Eine Betriebsvereinbarung ist sinnvoll, wenn eine einheitliche und zwingende Regelung für die gesamte Belegschaft gewünscht ist.

7 Kollektives Arbeitsrecht

Regelt der Betriebsrat seine Mitbestimmungsrechte durch Regelungsabrede, kann dies auch mündlich erfolgen, hat allerdings keine unmittelbare oder zwingende Wirkung, sondern der Arbeitgeber muss dies in das einzelne Arbeitsrecht umsetzen. Hier gilt der Tarifvorbehalt nicht. Die Regelungsabrede ist sinnvoll, wenn ein bestimmter Sachverhalt nur gelegentlich bzw. punktuell auftritt.

Insbesondere in **sozialen Angelegenheiten** ist der Betriebsrat zu beteiligen. Er kann insbesondere bei

- Fragen der Ordnung des Betriebs und des Verhaltens der Arbeitnehmer im Betrieb gemäß § 87 Abs. 1 Nr. 1 BetrVG mitbestimmen,
- Festlegung von Beginn und Ende der täglichen Arbeitszeit einschließlich der Pausen sowie der Verteilung der Arbeitskraft auf die einzelnen Wochentage gemäß § 87 Abs. 1 Nr. 2 BetrVG ,
- vorübergehender Verkürzung oder Verlängerung der betriebsüblichen Arbeitszeit gemäß § 87 Abs. 1 Nr. 3 BetrVG,
- Zeit, Ort und Art der Auszahlung der Arbeitsentgelte gemäß § 87 Abs. 1 Nr. 4 BetrVG,
- Aufstellung allgemeiner Urlaubsgrundsätze und des Urlaubes sowie die Festsetzung der zeitlichen Lage des Urlaubs für einzelne Arbeitnehmer, wenn zwischen dem Arbeitgeber und den beteiligten Arbeitnehmern kein Einverständnis erzielt wird, gemäß § 87 Abs. 1 Nr. 5 BetrVG,
- Einführung und Anwendung von technischen Einrichtungen, die dazu bestimmt sind, das Verhalten oder die Leistungen der Arbeitnehmer zu überwachen, gemäß § 87 Abs. 1 Nr. 6 BetrVG,
- Regelungen über die Verhütung von Arbeitsunfällen und Berufskrankheiten sowie über den Gesundheitsschutz im Rahmen der gesetzlichen Vorschriften und der Unfallverhütungsvorschriften gemäß § 87 Abs. 1 Nr. 7 BetrVG,
- Form, Ausgestaltung und Verwaltung von Sozialeinrichtungen, deren Wirkungsbereich auf den Betrieb, das Unternehmen oder den Konzern beschränkt ist, gemäß § 87 Abs. 1 Nr. 8 BetrVG,
- Zuweisung und Kündigung von Wohnräumen, die den Arbeitnehmern mit Rücksicht auf das Bestehen des Arbeitsverhältnisses vermietet werden, sowie die allgemeine Festlegung der Nutzungsbedingung gemäß § 87 Abs. 1 Nr. 9 BetrVG,
- Fragen der betrieblichen Lohngestaltung, insbesondere die Aufstellung von Entlohungsgrundsätzen und die Einführung und Anwendung neuer Entlohnungsmethoden, sowie deren Änderung gemäß § 87 Abs. 1 Nr. 10 BetrVG,
- Festsetzung der Akkord- und Prämiensätze und vergleichbarer leistungsbezogener Entgelte, einschließlich der Geldfaktoren gemäß § 87 Abs. 1 Nr. 11 BetrVG,

- Grundsätze über das betriebliche Vorschlagswesen gemäß § 87 Abs. 1 Nr. 12 BetrVG,
- Grundsätze über die Durchführung von Gruppenarbeit gemäß § 87 Abs. 1 Nr. 13 BetrVG

mitbestimmen.

Gemäß § 87 Abs. 1 BetrVG kann der Betriebsrat allerdings seine Mitbestimmungsrechte nur dann ausüben, wenn nicht zum gleichen Regelungsbereich bereits tarifvertragliche oder gesetzliche Regelungen bestehen. Wie bereits dargestellt, kann die Ausübung durch Betriebsvereinbarung oder Regelungsabrede erfolgen. Nach § 87 Abs. 2 BetrVG sind die Mitbestimmungsrechte, im Falle eines Nichtzustandekommens einer Regelung, durch die Einigungsstelle erzwingbar.

Der Betriebsrat ist auch an **personellen Angelegenheiten** zu beteiligen. Er ist sowohl bei **allgemeinen personellen Angelegenheiten**, wie auch bei personellen Einzelmaßnahmen zu beteiligen. Unter allgemeinen personellen Angelegenheiten sind

- die Personalplanung gemäß § 92 BetrVG,
- die Beschäftigungssicherung gemäß § 92a BetrVG,
- die Mitbestimmung bei Personalfragebögen gemäß § 94 BetrVG,
- bei Auswahlrichtlinien gemäß § 95 BetrVG,
- die Ausschreibung von Arbeitsplätzen gemäß § 93 BetrVG und
- bei der Berufsbildung gemäß §§ 96 ff. BetrVG

zu verstehen.

Wichtige personelle Mitbestimmungsrechte des Betriebsrates gibt es auch bei **personellen Einzelmaßnahmen:**

Gemäß **§ 99 Abs. 1 BetrVG** bedürfen Einstellungen, Eingruppierungen, Umgruppierungen und Versetzungen der Zustimmung des Betriebsrats. Damit der Betriebsrat seine Aufgabe ordnungsgemäß ausführen kann, muss er vom Arbeitgeber entsprechend informiert werden, d.h. ihm sind z.B. im Falle einer Einstellung die Bewerbungsunterlagen aller Bewerber vorzulegen. Dem Betriebsrat steht danach eine Woche Bedenkzeit zu. Er kann die Zustimmung z.B. zur Einstellung erteilen oder verweigern. Äußert er sich gar nicht, gilt die Zustimmung als erteilt. Liegt einer der Gründe des § 99 Abs. 2 BetrVG vor, kann er die Zustimmung schriftlich verweigern. Möchte der Arbeitgeber sich mit der Verweigerung nicht zufrieden geben, kann er nach § 99 Abs. 4 BetrVG einen Antrag auf Zustimmungsersetzung beim Arbeitsgericht stellen.

Wie bereits dargestellt, ist der Betriebsrat gemäß **§ 102 Abs. 1 S. 1 BetrVG** bei Kündigungen zu hören. Erfolgt eine derartige Anhörung nicht, ist die Kündigung gemäß § 102 Abs. 1 S. 2 BetrVG unwirksam. Im Falle einer beabsichtigten ordentlichen Kündigung steht dem Betriebsrat eine Woche Bedenkzeit zu, bei einer außerordentlichen Kündigung drei Kalendertage. Der Betriebsrat kann dann zustimmen, er kann nichts unternehmen, was als Zustimmung gilt, er kann Bedenken äußern, die dann keine Auswirkungen auf die Kündigung haben, oder er kann Widerspruch einlegen, der sich nur auf die in § 102 Abs. 3 BetrVG genannten Gründe erstrecken kann. Diese sind:

- wenn der Arbeitgeber bei der Auswahl des zu kündigenden Arbeitnehmers soziale Gesichtspunkte nicht oder nicht ausreichend berücksichtigt hat,
- die Kündigung gegen eine Richtlinie nach § 95 BetrVG verstößt,
- wenn der zu kündigende Arbeitnehmer an einem anderen Arbeitsplatz im selben Betrieb oder in einem anderen Betrieb des Unternehmens weiterbeschäftigt werden kann,
- wenn die Weiterbeschäftigung des Arbeitnehmers nach zumutbaren Umschulungs- oder Fortbildungsmaßnahmen möglich ist oder
- wenn eine Weiterbeschäftigung des Arbeitnehmers unter geänderten Vertragsbedingungen möglich ist und der Arbeitnehmer sein Einverständnis hiermit erklärt hat.

Widerspricht der Betriebsrat der Kündigung, steht dem Arbeitnehmer gemäß § 102 Abs. 5 BetrVG ein Weiterbeschäftigungsanspruch zu. Dies bedeutet, dass der Arbeitnehmer, im Falle eines Kündigungsschutzprozesses, bis zu dessen Ausgang weiter zu beschäftigen ist. Ohne einen solchen Widerspruch des Betriebsrates dürfte der Arbeitnehmer, im Falle einer Kündigung, nach Ablauf der durch die Kündigung zunächst festgestellten Beschäftigungszeit bis zu einer Entscheidung des Arbeitsgerichtes, im Falle einer Kündigungsschutzklage seine Arbeit nicht wahrnehmen. Hätte seine Kündigungsschutzklage dann Erfolg, könnte er erst dann wieder an seinen Arbeitsplatz zurückkehren und gemäß § 615 BGB Annahmeverzugslohn beanspruchen.

Liegen allerdings wichtige Gründe vor, z.B. die Gefahr, dass der gekündigte Arbeitnehmer Betriebsgeheimnisse verraten könnte, braucht der Arbeitgeber den Arbeitnehmer nicht weiter zu beschäftigen. Nach § 102 Abs. 5 S. 2 BetrVG kann sich dies der Arbeitgeber auch vom Arbeitsgericht gerichtlich bestätigen lassen.

Der Betriebsrat ist auch in **wirtschaftlichen Angelegenheiten** des Betriebes zu beteiligen. Gemäß §§ 106 ff. BetrVG hat der Betriebsrat die Möglichkeit, in die wirtschaftlich relevante Daten des Arbeitgebers über den Wirtschaftsausschuss einzusehen, bzw. ihm stehen weitgehende Beteiligungsrechte im Zusammenhang mit Betriebsveränderungen zu.

Der **Wirtschaftsausschuss** ist hierbei ein Hilfsorgan des Betriebsrates, der zu bilden ist, wenn das Unternehmen in der Regel mehr als hundert wahlberechtigte Arbeitnehmer beschäftigt. Ihm steht die Aufgabe zu, wirtschaftliche Angelegenheiten mit dem Unternehmer zu beraten und den Betriebsrat hierüber zu unterrichten. Der Wirtschaftsausschuss hat selbst keine Mitbestimmungsrechte, er dient lediglich der Informationsbeschaffung für den Betriebsrat. Der Wirtschaftsausschuss ist vom Betrieb rechtzeitig und umfassend über wirtschaftliche Angelegenheiten zu unterrichten, er kann sogar die Vorlage von Geschäftsunterlagen verlangen. Hierunter fallen insbesondere der Jahresabschluss, der Wirtschaftsprüfungsbericht und sonstige Berichte.

Nach § 111 S. 1 BetrVG hat ein Unternehmen mit in der Regel mehr als zwanzig wahlberechtigten Arbeitnehmern den Betriebsrat über geplante **Betriebsänderungen** zu unterrichten und diese mit dem Betriebsrat zu beraten. Als besondere Betriebsveränderungen gelten insbesondere

- die Einschränkung oder Stilllegung des ganzen Betriebes oder von wesentlichen Betriebsteilen,
- die Verlegung des Betriebes oder von wesentlichen Betriebsteilen,
- der Zusammenschluss mit anderen Betrieben oder die Spaltung von Betrieben,
- grundlegende Änderungen der Betriebsorganisation, des Betriebszweckes oder der Betriebsanlagen bzw.
- die Einführung grundlegend neuer Arbeitsmethoden und Fertigungsverfahren.

Liegt eine Betriebsänderung vor, kann der Betriebsrat mit dem Arbeitgeber einen Interessensausgleich herbeiführen, der gemäß § 112 Abs. 1 S. 1 BetrVG schriftlich niederzulegen und vom Unternehmer sowie dem Betriebsrat zu unterschreiben ist. Der dann vereinbarte Interessensausgleich hat die Wirkung einer Betriebsvereinbarung. Mit ihm sollen Nachteile für die Belegschaft, die durch Betriebsänderung entstehen können, ausgeglichen bzw. vermieden werden.

Ein **Interessensausgleich** kann vom Betriebsrat nicht erzwungen werden. Es besteht auch nicht die Möglichkeit, ein Einigungsstellenverfahren durchzuführen. Besteht der Arbeitgeber also auf Entlassungen von Arbeitnehmern im Rahmen von Betriebsänderungen, kann der Betriebsrat dies hier nicht verhindern. In diesem Falle,. also im Falle der Durchführung der Betriebsänderung durch den Unternehmer, kann der Betriebsrat allerdings die Aufnahme von Verhandlungen über einen **Sozialplan** fordern. Dieser ist durch den Betriebsrat erzwingbar, d.h. weigert sich der Betrieb, einen Sozialplan abzuschließen, kann hier die Einigungsstelle angerufen werden, deren Spruch gemäß § 112 Abs. 4 S. 2 BetrVG eine Einigung ersetzt. Ein hier abgeschlossener Sozialplan hat die Wirkung einer Betriebsvereinbarung.

Abbildung 7-5: Betriebsänderung

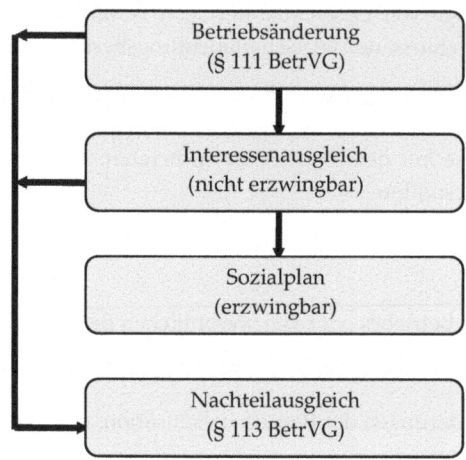

Gemäß § 112a BetrVG kann nur von einer Betriebsänderung gesprochen werden, wenn diese zu einer Entlassung einer Mindestzahl von Arbeitnehmern führt.

Bei einer Betriebsgröße von 20 bis 59 Arbeitnehmer müssten hier 20 % bzw. mind. aber sechs Arbeitnehmer betroffen sein, bei einer Betriebsgröße von 60 bis 249 Arbeitnehmern wiederum 20 % aber mind. 37 Arbeitnehmer, bei einer Betriebsgröße von 250 bis 499 müssen 15 % aber mind. 60 Arbeitnehmer betroffen sein und bei einer Betriebsgröße ab 500 Arbeitnehmer müssen 10 % aber mind. 60 Arbeitnehmer betroffen sein.

Nach § 113 BetrVG muss der Betrieb einen eventuell den Arbeitnehmern entstanden Schaden ersetzen, wenn er von einem geschlossenen Interessenausgleich ohne zwingenden Grund abweicht, oder die Betriebsänderung ohne Beteiligung des Betriebsrates durchführt (**Nachteilsausgleich**).

7.3.3 Einigungsstellenverfahren

Wie bereits erwähnt, besteht auch die Möglichkeit, dass die **Einigungsstelle** zwischen dem Arbeitgeber und dem Betriebsrat vermittelt, da oft zwischen diesen Parteien Streitigkeiten über die Reichweite von Mitbestimmungsrechten bestehen. Da nicht alle Meinungsverschiedenheiten vor dem Arbeitsgericht landen sollen, wurde die Einigungsstelle eingeführt. Die Einigungsstelle wird üblicherweise nur bei Bedarf eingerichtet, kann aber gemäß § 76 Abs. 1 BetrVG auch als ständige Institution eingerichtet werden. Sie besteht aus gleich vielen vom Arbeitgeber und vom Betriebsrat gestellten Beisitzern, normalerweise zwei von jeder Seite, und einem unparteiischen Vorsitzenden, auf den sich beide Seiten entweder geeinigt haben, oder der vom Arbeitsgericht bestellt worden ist.

Abbildung 7-6: Zusammensetzung der Einigungsstelle

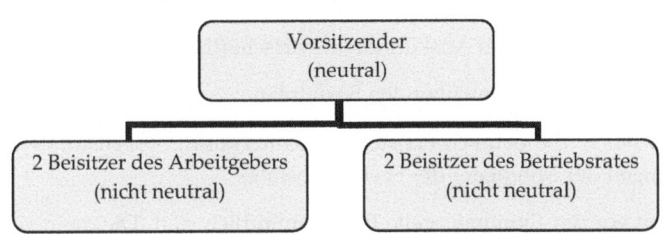

Fällt die Einigungsstelle eine Entscheidung, ersetzt diese eine Einigung zwischen Arbeitgeber und Betriebsrat. Diese Entscheidung ist gemäß § 76 Abs. 5 BetrVG von Arbeitsgerichten nur auf die Einhaltung billigen Ermessens überprüfbar. Das Verfahren vor der Einigungsstelle ist für den Betriebsrat nur dann erzwingbar, wenn das Gesetz im Zusammenhang mit einem Mitbestimmungsrecht ausführt, dass der Spruch der Einigungsstelle die Einigung zwischen Arbeitgeber und Betriebsrat ersetzt, da dieses zwingend ein Verfahren vor der Einigungsstelle voraussetzt.

Dies ist bei folgenden Normen der Fall:

- § 37 Abs. 6, 7 BetrVG: Schulungs- und Bildungsveranstaltungen für Betriebsratsmitglieder
- § 38 Abs. 2 BetrVG: Freistellung von Betriebsratsmitgliedern
- § 39 Abs. 1 BetrVG: Zeit und Ort der Sprechstunden des Betriebsrates
- § 47 Abs. 6 BetrVG: Herabsetzung der Zahl der Gesamtbetriebsratsmitglieder
- § 55 Abs. 4 BetrVG: Herabsetzung der Zahl der Konzernbetriebsratsmitglieder
- § 65 Abs. 1 BetrVG: Schulungs- und Bildungsveranstaltungen für Mitglieder der Jugend- und Auszubildendenvertretung
- § 69 BetrVG: Zeit und Ort der Sprechstunden der Jugend- und Auszubildendenvertretung
- § 72 Abs. 6 BetrVG: Herabsetzung der Zahl der Jugend- und Auszubildendenvertretung
- § 85 Abs. 2 BetrVG: Berechtigung der Beschwerde eines Arbeitnehmers

- § 87 Abs. 2 BetrVG: Mitbestimmung in sozialen Angelegenheiten
- § 91 BetrVG: Maßnahmen bei Änderungen von Arbeitsablauf und Arbeitsumgebung
- § 94 Abs. 1, 2 BetrVG: Personalfragen, persönliche Angaben in Arbeitsverträgen und Aufstellung allgemeiner Beurteilungsgrundsätze
- § 95 Abs. 1, 2 BetrVG: Ausführung von Auswahlrichtlinien und deren Inhalt
- § 98 Abs. 4 BetrVG: Durchführung von betrieblichen Bildungsmaßnahmen
- § 109 BetrVG: Erstellung von Auskünften in wirtschaftlichen Angelegenheiten
- § 112 Abs. 3 BetrVG: Einigung über den Sozialplan
- § 116 Abs. 3 Nr. 2, 4, 8 BetrVG: Freistellung, Unterkunft, Sprechstunden und Bordversammlungen der Mitglieder des Seebetriebsrates

Verhandlungen vor der Einigungsstelle finden mündlich statt. Die dann von der Einigungsstelle zu treffende **Abstimmung** erfolgt in zwei Schritten:

- Auf der **ersten Stufe** geben nur die Beisitzer der Einigungsstelle ihre Stimme ab, wobei sich der Vorsitzender seiner Stimme enthält.
- Führt dies nicht zu einer Einigung, dann kommt es zu einer weiteren Abstimmung auf der **zweiten Stufe**, bei der der Vorsitzende mit abstimmt und der dann das Verfahren entscheiden kann.

Die **Kosten der Einigungsstelle** trägt gemäß § 76a Abs. 1 BetrVG der Arbeitgeber. Hierzu zählen, ähnlich wie bei den Kosten für den Betriebsrat wiederum auch Kosten für den Sachaufwand, insbesondere auch das Honorar für den Vorsitzenden bzw. die Beisitzer.

7.4 Arbeitskampfrecht

Tarifverträge kommen in der Praxis nicht einfach so zustande. Meist ist die Arbeitgeberseite die wirtschaftlich stärkere Seite, die sich eher weniger auf die Forderungen der Arbeitnehmerschaft bzw. der Gewerkschaft einlassen möchte.

Art. 9 Abs. 3 GG umfasst deswegen auch das Recht zum Arbeitskampf. Durch den Arbeitskampf können die Arbeitnehmer bzw. die Gewerkschaften auf die Arbeitgeberseite Druck ausüben, um so ihren Forderungen bei einem Tarifvertrag Nachdruck zu verleihen. Das Arbeitskampfrecht ergibt sich allerdings nicht direkt aus dem Gesetz, sondern wurde im Wege der Rechtsfortbildung als sog. **Richterrecht** entwickelt. Die wichtigsten Arbeitskampfmittel sind auf Seiten der Arbeitnehmer bzw. der Gewerkschaften der Streik und auf Seiten der Arbeitgeber die Aussperrung.

7.4 Arbeitskampfrecht

Ein **Streik** ist die gemeinsame, bewusste und planmäßige Verweigerung der vertraglich geschuldeten Arbeitsleistung durch eine größere Anzahl von Arbeitnehmern zur Durchsetzung bestimmter Forderungen. Ziel des Streikes bzw. Arbeitskampfes hat immer der Abschluss eines Tarifvertrages zu sein.

Damit ist ein **Streik aus politischen Gründen**, zu einer Demonstration oder aus Sympathie zu anderen Streikenden unzulässig.

Ein Streik ist nur dann rechtmäßig, wenn sowohl von der streikführenden Gewerkschaft als auch von den beteiligten Arbeitnehmern folgende **Voraussetzungen** erfüllt sind:

- gewerkschaftlich organisiert,
- Einhaltung der Friedenspflicht,
- Ziel des Streiks = Abschluss Tarifvertrag,
- verhältnismäßig,
- Regeln eines fairen Kampfes eingehalten.

Zulässig ist damit auch eine Maßnahme, die darauf abzielt, einen Arbeitnehmer des bestreikten Betriebes zur Teilnahme am Streik noch zu bewegen. Unzulässig ist allerdings die Verhinderung des Zu- oder Abgangs von Waren bzw. Kunden.

Liegt ein rechtmäßiger Streik vor, dürfen sich hieran auch **Nichtgewerkschaftsmitglieder** beteiligen. Im Falle eines rechtmäßigen Streikes ruhen für die Dauer des Streikes die Rechten und Pflichten aus dem Arbeitsvertrag, allerdings bleiben die Treuepflichten bestehen.[215] Damit stellt die Teilnahme an einem rechtmäßigen Streik keine Arbeitsvertragsverletzung dar, die dem Arbeitgeber die Möglichkeit geben würde eine Abmahnung oder sogar Kündigung auszusprechen. Während des Streiks müssen die Arbeitnehmer aber die notwendigen Erhaltungsmaßnahmen durchführen, damit dies nicht zur wirtschaftlichen Vernichtung des Arbeitgebers führt.[216] Liegt allerdings ein rechtswidriger Streik vor, kann der Arbeitgeber Schadenersatzansprüche gegen die streikführende Gewerkschaft bzw. gegen die teilnehmenden Arbeitnehmer geltend machen. Auch kann hier der Arbeitgeber das Recht, Abmahnungen und Kündigungen auszusprechen.

Ist der Streik erledigt, müssen sowohl Arbeitnehmer als auch Arbeitgeber zu einer möglichst schnellen Wiederherstellung des Arbeitsfriedens beitragen.

Eine **Aussperrung** erfolgt hingegen durch den Arbeitgeber. Unter Aussperrung ist die planmäßige Ausschließung mehrerer Arbeitnehmer von der Arbeit und der Verweige-

---

[215] BAG AP Art. 9 GG Arbeitskampf Nr. 130
[216] § 8 der Arbeitskampfrichtlinien des DGB; BAG AP Art. 9 GG Arbeitskampf Nr. 74

rung des Arbeitsentgeltes zu verstehen, wobei sowohl Angriffs- als auch eine Abwehraussperrungen zulässig sind.[217]

Eine **Angriffsaussperrung** ist dabei eine den Kampfzustand eröffnende Aussperrung, während die **Abwehraussperrung** immer die Antwort des Arbeitgebers auf einen Streik der Arbeitnehmer ist.[218]

Erfolgt eine Aussperrung, ist diese wegen des **Gebotes der Verhältnismäßigkeit** auf das umkämpfte Tarifgebiet zu beschränken, wobei nach dem Bundesarbeitsgericht höchstens 25 % der Arbeitnehmer ausgesperrt werden dürfen, wenn weniger als 25 % der Arbeitnehmer im Tarifgebiet zum Streik aufgefordert werden. Werden allerdings mehr als 25 % der Arbeitnehmer im Tarifgebiet zum Streik aufgefordert, darf der Arbeitgeber allerdings nur so viele Arbeitnehmer aussperren, dass insgesamt, d.h. streikende und ausgesperrte Arbeitnehmer, nicht mehr als 50 % der Arbeitnehmer des Tarifgebietes ausmachen. Eine darüber hinausgehende Aussperrung wäre dann rechtswidrig.[219]

Erfolgt eine rechtmäßige Aussperrung, sind die Rechten und Pflichten aus dem Arbeitsvertrag **außer Vollzug gesetzt**, das bedeutet, der Arbeitnehmer muss nicht arbeiten, erhält aber hierfür auch keinen Lohn. Es besteht dann auch kein Anspruch des Arbeitnehmers auf Arbeitslosengeld. Liegt eine rechtswidrige Aussperrung vor, kann der Arbeitnehmer bzw. die bekämpfte Gewerkschaft einen Unterlassungs- und Schadensersatzanspruch gegen den Arbeitgeber geltend machen. Auch verliert hier der Arbeitnehmer seinen Anspruch auf Arbeitslohn und eine vertragsmäßige Beschäftigung nicht. Dies bedeutet, dass der betroffene Arbeitnehmer im Ergebnis seinen Lohn weiter erhält, ohne arbeiten zu müssen.

Der Arbeitskampf zwischen Arbeitnehmer und Arbeitgeber kann sich auch auf **unbeteiligte Dritte** auswirken. In Betracht kommen hier insbesondere Zulieferbetriebe. Während eines rechtmäßigen Arbeitskampfes kann es zu Störungen der Vertragsbeziehungen mit z. B. Zulieferbetrieben kommen, da nunmehr der Betrieb des Arbeitgebers nichts mehr produzieren kann und damit an weitere Betriebe nicht mehr liefern bzw. von Zulieferbetrieben keine Waren mehr abnehmen kann. Liegt ein **rechtmäßiger Arbeitskampf** vor, darf der unbeteiligte Dritte keinen Schadensersatzanspruch wegen Verzug oder Nichtleistung gegen den sich im Arbeitskampf befindlichen Unternehmer geltend machen, da ansonsten das Recht aus Art. 9 Abs. 3 GG verletzt würde.

Liegt dagegen ein **rechtswidriger Arbeitskampf** vor, haftet der sich im rechtswidrigen Arbeitskampf befindliche Arbeitnehmer nach allgemeinen Grundsätzen.

---

[217] BAG AP Art. 9 GG Arbeitskampf Nr. 64
[218] BAG AP Art. 9 GG Arbeitskampf Nr. 64
[219] BAG AP Art. 9 GG Arbeitskampf Nr. 107; LAG Mecklenburg-Vorpommern NZA-RR 1997, S. 163 ff

Arbeitskampfrecht

Als **unbeteiligte Dritte** kommen auch diejenigen Arbeitnehmer in dem sich im Arbeitskampf befindlichen Betrieb in Frage, die an dem Arbeitskampf nicht teilnehmen, da sie ggf. während des Arbeitskampfes auch nicht arbeiten können. Problematisch ist hier die Frage, ob diese für die Dauer des Streiks ihren Lohnanspruch behalten

- Unstrittig ist hierbei, dass die im **Streikbetrieb** beschäftigten Arbeitnehmer, die nicht mit streiken, keinen Lohnanspruch haben, wenn sie nicht arbeiten können. Dies wird damit begründet, dass sie im Ergebnis auch vom Streik profitieren.

- Strittig ist allerdings, ob es bei streikbedingten **Ausfällen in anderen Betrieben**, d.h. insbesondere in Zulieferbetrieben außerhalb des betroffenen Tarifgebietes, einen Ersatz des Lohnanspruches gibt, oder ob die dort betroffenen Arbeitnehmer das Lohnrisiko selbst zu tragen haben. Nach der Rechtsprechung des Bundesarbeitsgerichtes haben die dort beschäftigten Arbeitnehmer nur dann das Lohnrisiko zu tragen, wenn die Fernwirkung des Arbeitskampfes ansonsten zu einer Störung der Kampfparität führen würde. Liegt eine Antrittsaussperrung vor, behalten die kampfbedingt beschäftigungslosen, aber nicht ausgesperrten, Arbeitnehmer dieses Betriebes und anderer Betriebe im selben Tarifgebiet ihren Lohnanspruch.

Stichwortverzeichnis

Abfindung 89
Abmahnung .... 72 ff.
- Betriebsratsanhörung 73
- Frist 73
- Personalakte 75
- Schriftform 73
Abrufarbeit 107
Abschlussgebot 24
Abwehraussperrung 146
Abwicklungsvertrag 90
- Kündigung 90
- Muster 91
- Sperrfrist 92
Allgemeine Geschäftsbedingungen . 15
Allgemeines Gleichbehandlungs-
 gesetz 16
Allgemeinverbindlichkeit 131
Altersgrenzklauseln 98
Änderungskündigung 57, 80
Anfechtung 27
- arglistige Täuschung 27
- widerrechtliche Drohung 27
Angestellter 5
- , leitender 5
- Kündigungsschutzgesetz 5
Angriffsaussperrung 146
Anhörungsrecht 137
Annahmeverzug 54
Arbeitgeberverbände 129
Arbeitnehmer .... 3 ff.
Arbeitnehmerähnliche Person 3, 6
Arbeitsgericht 125
Arbeitsgerichtsverfahren .... 125 ff.
- Berufung 126
- Bezirke 126
- Bundesarbeitsgericht 125
- Güteverhandlung 127

- Instanzen 125
- Kammertermin 127
- Kostentragung 128
- Landesarbeitsgericht 125
- Streitwert 125
Arbeitskampf .... 144 f.
Arbeitsleistung 35
Arbeitsrecht, Bedeutung 1
Arbeitsschutz 38
Arbeitsunfähigkeit 52
- Anzeigepflicht 53
- Fortsetzungserkrankung 53
- Krankengeld 53
- Lohnfortzahlung 53
Arbeitsunfähigkeitsbescheinigung .52f.
Arbeitsunfall 44
Arbeitsverhinderung 51
Arbeitsvertrag .... 14, 23 f.
- Abschluss 23
- Abschlussfreiheit 24
- Abschlussgebot 24
- allgemeine Geschäftsbedin-
 gungen 15
- Anfechtung 27
- Ausschlussfristen 30
- Gestaltungsfreiheit 24
- Hauptpflichten 34
- Inhalt 24
- Inhaltskontrolle von
 Arbeitsverträgen 15
- Irrtum 27
- Minderjährige 25
- Mindestinhalt 25
- Nebenleistungspflichten 35
- Pflichten der Vertragsparteien ... 34
- Probezeit 29
- Schriftform 24

Stichwortverzeichnis

- Vertragsfreiheit 23
- Wettbewerbsverbot 32

Arbeitszeit 36
- Nachtarbeit 37
- Ruhepausen 37
- Ruhezeit 36
- Sonntagsarbeit 37

Arbeitszeitgesetz 12, 36

Arbeitszeugnis .... 98 f.
- einfaches 98
- Formulierungen 100
- qualifiziertes 98
- Wahrheitspflicht 99
- Zeugnisberichtigung 100
- Zwischenzeugnis 101

Arglistige Täuschung 27

Arztbesuche 51

Aufhebungsvertrag ....85 ff.
- Abfindung 89
- Anfechtung 88
- Aufklärungspflicht 87
- Betriebsratsanhörung 87
- Freibeträge 90
- Muster 86
- Sperrzeit 89

Auflösende Bedingung 92

Auflösungsantrag 84

Aufrechnungsschutz 55

Aufspaltung .... 119 f.

Ausbildungskosten 101

Ausbildungsverhältnis 108
- Berufsbildungsgesetz 108
- Berufsschulunterricht 108
- Jugendarbeitsschutzgesetz ... 108
- Kündigung 108
- Probezeit 108
- Vergütung 108

Ausgliederung 120

Aushilfsarbeit 109

Ausschlussfristen 30

Außerordentliche Kündigung 57, 76
- Kündigungsfrist 76, 78
- Verdachtskündigung 83

- wichtiger Grund 76

Aussperrung 144

Auswahlrichtlinie 66

Befristete Arbeitsverhältnisse 103
- Verlängerung 104

Beratungsrecht 137

Berufsbildungsgesetz 108

Berufsschulunterricht 108

Beschäftigungsform 8
- Anrufungsauskunft 8
- Feststellungsklage 8
- Klärung 8

Besonderer Kündigungsschutz 93
- Betriebsratsmitglieder 93
- Schwangere 96
- Schwerbehinderte 94

Betriebliche Gründe 62

Betriebliche Übung 17

Betrieblicher Bereich 76

Betriebsänderung 142

Betriebsbedingte Kündigung ...61, 64 f.
- Dringlichkeit der Kündigung 64
- Sozialauswahl 64
- Wegfall des Arbeitsplatzes 63
- betriebliche Gründe 62

Betriebsgeheimnis 33

Betriebsrat .... 132 ff.
- Amtsenthebung 133
- Anhörungsrecht 137
- Ausstattung 134
- Beratungsrecht 137
- Betriebsänderung 142
- Betriebsvereinbarung 137
- Betriebsversammlung 135
- Einigungsstelle 142
- Gesamtbetriebsrat 135
- Größe 133
- Informationsrecht 137
- Interessenausgleich 141
- Konzernbetriebsrat ....135 f.
- Mitbestimmungsrecht 136
- Monatsgespräch 134

- Regelungsabrede 137
- Widerspruchsrecht 137
- Wirtschaftsausschuss 140
- Zustimmungserfordernis 137
Betriebsratsanhörung 58, 79
Betriebsratsmitglieder 93
Betriebsratswahl 133
- Kosten 134
Betriebsrisiko 54
Betriebsstörung 54
Betriebsübergang .... 111 ff.
- Aufrechterhaltung der kollektiven Arbeitsbedingungen 112
- Ayse-Süzen-Urteil 113
- Definition 112
- Folgen 116
- Haftung 118
- Haftungsverteilung 112
- Kündigung 117
- Kündigungsschutz 112
- Kündigungsschutzklage 118
- Organisations- und Leitungsvollmacht 113
- Übergang der tatsächlichen Nutzungs- und Verfügungsgewalt 115
- Umgehung des Kündigungsschutzverbotes . 117
- Wechsel in der Rechtspersönlichkeit des Betriebsinhabers 114
- Widerspruch 116
Betriebsvereinbarung 14, 48, 137
Betriebsverfassungsgesetz 5, 132
Betriebsverfassungsrecht 19, 132
- Territorialitätsprinzip 19, 132
Betriebsversammlung 135
Beweislast 52, 67
Bewerbungskosten 23
Bezahlter Urlaub 49
Branchenvertrag 131
Bundesarbeitsgericht 125
Bundesurlaubsgesetz 12
Bürgerliches Gesetzbuch 11

Direktionsrecht 35
Dringlichkeit der Kündigung 64

Eingliederung 4
Einigungsstelle 142
Einseitige Freistellung 39
Entgeltfortzahlung 52
- Arbeitsunfähigkeit 52
- Arbeitsunfähigkeitsbescheinigung 52
- Fortsetzungserkrankung 53
- Krankengeld 53
Entgeltfortzahlungsgesetz 11
Entgeltsicherung 55
Entgeltzahlung 45
- Bruttolohn 45
- Gratifikation 47
- ortsüblicher Lohn 45
- Überstunden 47
- Urlaubsentgelt 49
- Zahlungsmodalitäten 46

Feiertagslohn 50
Formwechsel 118, 120
Fortsetzungserkrankung 53
Friedensfunktion 130
Friedenspflicht 145

Gehaltstarifvertrag 131
Gesamtbetriebsrat 135
Geschäftsgegenstände 101
Geschäftsgeheimnis 33
Gesundheitsschutz 38
Gewerkschaft 2, 129
Gleichbehandlungsgrundsatz 15
Gratifikation 47
- Rückforderung 48
Grobe Fahrlässigkeit 40
Grundgesetz 10
Grundsatz der Ausstrahlung 19
Grundsatz der betrieblichen Gesamtzusage 18

Stichwortverzeichnis

Günstigkeitsprinzip 8, 132
Güteverhandlung 127

Haftung 121
Haftungsrisiko 40
Handelsgesetzbuch 11

Individualarbeitsrecht 1, 3
Individuelle Koalitionsfreiheit 130
Informationsrecht 137
Inhaltskontrolle von
   Arbeitsverträgen 15
Innerbetrieblicher Schadensaus-
   gleich 40
     - Arbeitsunfall 44
     - Drittbezug 42
     - Fahrlässigkeit 40
     - Leasingvertrag 43
     - Schadensquote 41
     - Vorsatz 40
Insolvenz 122
     - Kündigungsfrist 123
     - Lohnzahlungsverpflichtung 122
     - Quote 122
Insolvenzgeld 122
Insolvenzschutz 55
Insolvenzverwalter 122
Instanzen 125
Integrationsamt 95
Interessensabwägung 78
Interessensausgleich 141
Internationales Arbeitsvertrags-
   recht 18
Internationales Privatrecht 18
Irrtum 27
     - Eigenschaftsirrtum 27
     - Erklärungsirrtum 27
     - Inhaltsirrtum 27

Job-Sharing 106
Jugendarbeitsschutzgesetz 108

Kammertermin 127
Kartellfunktion 130
Koalitionsrecht 129
   - individuelle Koalitionsfreiheit . 130
   - kollektive Koalitionsfreiheit 130
Kollektive Koalitionsfreiheit 130
Kollektives Arbeitsrecht 1, 3, 129
Konzernbetriebsrat 135, 136
Krankengeld 53
Krankheit eines Kindes 51
Krankheitsbedingte Kündigung 68
   - Alkohol- oder
      Drogenabhängigkeit 70
   - Beweislast 70
   - Dauererkrankung 68
   - dauerhafte Leistungs-
      minderung 69
   - häufige Kurzerkrankungen 69
   - langandauernde Erkrankung 69
   - negative Zukunftsprognose 69
   - Therapiebereitschaft 70
Kündigung 57, 90, 108
   - Änderungskündigung 57
   - außerordentliche
      Kündigung 57, 76
   - Betriebsratsanhörung 58
   - krankheitsbedingte
      Kündigung 68, 70
   - Kündigungsbefugnis 58
   - Kündigungsschreiben 58
   - ordentliche Kündigung 57, 59
   - personenbedingte Kündigung ... 68
   - Rückwirkung 57
   - Schriftformerfordernis 57
   - Teilkündigung 57
   - verhaltensbedingte
      Kündigung 61, 71, 73
Kündigungsbefugnis 58
Kündigungsfrist 59, 60, 76, 78, 123
   - gesetzliche 59
Kündigungsschutz 60, 121
   - betriebsbedingte Kündigung 61
   - personenbedingte Kündigung ... 61

Stichwortverzeichnis

- verhaltensbedingte Kündigung 61
Kündigungsschutzgesetz......... 5, 11, 60
   - betriebliche Gründe 62
   - Dringlichkeit der Kündigung.... 64
   - Mindestbeschäftigungsdauer 61
   - Sozialauswahl 64
   - Wegfall des Arbeitsplatzes 63
Kündigungsschutzklage 84
Kurzarbeit 50

Landesarbeitsgericht 125
Leiharbeit 109
Leistungsbereich 76
Leistungsträger .... 66 f.
Lohnfortzahlung 53
Lohnzahlungsverpflichtung 122

Minderjährige 25
   - Grundsätze des sog. fehler-
      haften Arbeitsverhältnisses 26
Mindesturlaub 6
Mitbestimmungsrecht 136
Mittlere Fahrlässigkeit 41
Mobbing 36
Monatsgespräch 134

Nachtarbeit 37
Namensliste 66, 67
Normen
   - disponible Normen 12
   - halbzwingende Normen 12
   - zwingende Normen 12
Normenpyramide 8
Nutzung von Gegenständen 29

Öffnungsklausel 132
Ordentliche Kündigung 57, 59
   - Kündigungsfrist 60
   - Kündigungsschutz 60
   - Kündigungsschutzgesetz 60
Ordnungsfunktion 130
Originalvollmacht 58

Personalakte 75
Personenbedingte Kündigung 61, 68
   - Arbeitserlaubnis 71
   - Ehrenamt 71
   - fachliche Qualifikation 71
   - Freiheitsstrafe 71
   - Gründe 68
   - krankheitsbedingt 68
   - Mandatsträger 71
   - Untersuchungshaft 71
   - verhaltensbedingte Gründe 68
   - verhaltensbedingt 71
Pfändungsschutz 55
Private Nutzung von Gegen-
   ständen 29
Probezeit 29, 108
   - Obergrenze 29
   - Verlängerung 29
Punktesystem 67

Rangprinzip 8
Regelungsabrede 137
Rentenbezug 98
Rom-I-Verordnung 18
Rückzahlungsklausel 101
Ruhepausen 37
Ruhezeit 36

Schadensquote 41
Scheinselbstständigkeit 7
Schlechte Witterungsverhältnisse 51
Schriftformerfordernis 57, 92
Schutzfunktion 130
Schwangere 96
Schwerbehinderte 94
Selbstständiger 3
Sonntagsarbeit 37
Sorgfältige Arbeitsleistung 39
Sozialauswahl 64
   - Auswahlrichtlinie 66
   - Dauer der Betriebs-
      zugehörigkeit 65

Stichwortverzeichnis

- Lebensalter 65
- Leistungsträger 66, 67
- Namensliste 67
- Schwerbehinderung 65
- Unterhaltsverpflichtung 65
Spezialitätsprinzip 8
Straftat 83
Streik 54, 144
Streitwert 125

Tarifautonomie 130
Tarifregister 13
Tarifvertrag .... 13, 130 f.
- Allgemeinverbindlichkeit 131
- Branchenvertrag 131
- Gehaltstarifvertrag 131
- Günstigkeitsprinzip 132
- normativer Teil 131
- obligatorischer Teil 131
- Öffnungsklausel 132
Tarifvertragsrecht 130
Teilkündigung 57
Teilzeit- und Befristungsgesetz 12
Teilzeitarbeit 105
Territorialprinzip 19

Überstunden 47
Umstrukturierung 118
- Aufspaltung 119, 120
- Ausgliederung 120
- Formwechsel 118, 120
- Kündigungsschutz 121
- Umwandlungsrecht 118
- Vermögensübertragung ... 118, 120
- Verschmelzung 118
Umwandlungsrecht 118
Unbezahlter Urlaub 49
Unternehmensaufspaltung .... 118 f.
Unternehmerrisiko 4
Urlaub 37
- Urlaubsgewährung 37

- Urlaubswunsch 37
Urlaubsentgelt 49
- bezahlter Urlaub 49
- Krankheit 49
- unbezahlter Urlaub 49
Urlaubsgeld 50

Verdachtskündigung 83
Vergütung 108
Verhaltensbedingte Kündigung .. 61, 71
- Abmahnung 72
- Frist 71
- Vertragsverletzung 72
Verjährung 56
Vermögensübertragung 118, 120
Verschmelzung 118
Verschulden 52
Verteilungsfunktion 130
Vertragsstrafen 34
- Grenze 34
Vertrauensbereich 76
Vorsatz 40
Vorstellungsgespräch 21
- Bewerbungskosten 23
- Zulässigkeit von Fragen 21

Wegerisiko 51
Wegfall des Arbeitsplatzes 63
Weisungsgebundenheit 4
Wettbewerbsverbot 32
- Karenzentschädigung 33
Widerrechtliche Drohung 27
Widerspruchsrecht 137
Wirtschaftsausschuss 140

Zeitarbeitsvertrag 109
Zurückbehaltungsrecht 101
Zustimmungserfordernis 137
Zwangsschlichtung 130